{少なめオイルとスパイスで作る}

みんなが好きな インド料理 +南インド料理

マバニ マサコ

柴田書店

プロローグ

たくさんある料理本の中から、この本を手に取っていただきありがとうございます。
本を通じてお目にかかれたことを心から嬉しく思います。

ところで、日本ではすでに定着した感のある健康志向の話になりますが、インドでもそれは始まっているようです。最近ではインドでもできるだけ油と塩を少なくし、いかに本来の味を再現するか？ということがお茶の間での話題にもなりはじめ、おいしさや健康に対する意識を高くもつ人が増えているようです。私もその中のひとり。毎日の生活の中で、おいしくてヘルシーなインド料理を作ることを常に心がけています。

一言でインド料理といっても、「食べた後で体が重くなるようでは、本当のインド料理とはいえない」。これは、私がいつも親族からいわれていることですが、確かにこのように考えて作られたインド料理は、食べた後に体がスーッと軽くなり、心身ともに元気になった実感があります。

それはスパイスの組み合わせ方や、油・塩の使い方。また生姜、にんにくなどの香味野菜の総合効果で、血流がよくなり体が温まるからだと確信しています。本来のおいしさはそのままに塩と油を控えて体に心地よい味を、これが私のインド料理の目指すところです。

これは、そんなインド料理をご紹介したくて作った本です。また、作って楽しく、食べたいメニューがたくさん載っていて、初めて作る方にも、インド料理をいくらか作ったことのある方にも、本格的なインド料理にご満足いただける。毎日のお惣菜やお弁当のおかずとして、日本の家庭でも楽しめる。こんなことも考えながらお料理を選びました。

道具や食材は、なるべく手に入れやすいものを使って、みなさんのキッチンでも作りやすい作り方を心がけました。また、忙しい方でも作りやすいように、働くインド人主婦の知恵を借り、なるべく簡単に本格的な味が出せる最新のテクニックを駆使しています。
既刊の本をご愛用してくださっている皆様からいただいた、ご質問やお声に対するお答えも、随所に盛り込ませていただきました。

この本でお作りいただいたお料理で、みなさまの顔に笑顔が浮かんだらなによりです。

マバニ マサコ

contents

3　プロローグ

｛インド料理の基礎｝

7　はじめて TIPS
8　スパイスのABC
9　どんな道具が必要なの？
10　トマトのABC
　　玉ねぎのABC
11　もっとおいしくするために
12　こまったらこんな方法も
13　材料のお話
14　スパイス
16　豆
17　その他の材料
18　タリー
19　食材入手先リスト

｛みんなが好きなインド料理｝

｛サブジ｝

22　じゃがいもの蒸し煮
23　じゃがいものスパイス絡め
24　キャベツの炒め蒸し
25　にんじんのスパイス煮
26　オクラの蒸し煮
27　苦瓜のスパイス煮

｛カレー＆ダル｝

28　基本のチキンカレー
30　基本のチキンカレーのアレンジ
　　　基本のチキンカレー＋生クリーム
　　　基本のチキンカレー＋ココナッツミルク
31　アーモンドチキンカレー
32　チキンマカニ
34　プローンコルマ
35　西インドのえびカレー
36　ドライキーマカレー
38　キーマカレー（ソース）
40　アルーマター
42　ベジタブルコルマ
44　ミックスベジタブルカレー
45　スパイシームングダル（皮つき割り緑豆のダル）
46　ダルタルカ

｛スナック＆おかず｝

48　タンドリーチキン
50　緑のチキンティッカ
　　白いチキンティッカ
52　ヘルシーチキン65
54　鶏挽き肉のケバブ
56　シークケバブ
58　えびのスパイスマサラ
59　鱈のスパイス焼き
60　ヘルシーサモサ
62　じゃがいものスパイス揚げ（バジャ）
63　マサラパパダム

{ サラダ }

- 64 キャベツのサラダ
- 65 ひよこ豆のカチュンバ

{ ライタ & チャツネ & ピクルス }

- 66 トマトのライタ
  きゅうりのライタ
- 67 ミントチャツネ
  黄桃のスウィートチャツネ
- 68 即席玉ねぎピクルス
  即席にんじんピクルス
- 69 レモンピクルス
  塩レモン

{ ライス & パン }

- 70 サフランライス
- 71 スパイスライス
- 72 チャパティ
- 74 プーリ
  フライパンで作るナン（写真なし）
- 76 チーズクルチャ

{ デザート & ドリンク }

- 78 マンゴーデライト
- 80 レモンサンディッシュ
- 81 ココナッツサンディッシュ
- 82 ヨーグルトスウィーツ（シュリカンド）
- 83 ラッシー
  ソルティーミントラッシー
- 84 マンゴーラッシー
  チャイ

85 { もっと知りたい南インド料理 }

{ ポリヤル }

- 86 キャベツといんげんのポリヤル
- 88 いんげんとグリーンピースのポリヤル
- 89 なすのスパイス炒め

{ アヴェヤル & カレー & クートェ }

- 90 苦瓜となすのココナッツ煮（アヴェヤル）
- 92 南インドのチキンカレー
- 93 えびのガーリックカレー
- 94 かぼちゃのクートェ

{ スープ }

- 96 ラサム
- 97 サンバル

{ スナック & おかず }

- 98 えびのスパイス絡め
- 100 豆の塩ドーナッツ（ワダ）
- 102 米粉と玉ねぎのスナック（マドゥール バダ）
- 103 ひよこ豆のサンダル

{ パチャディ & チャツネ }

- 104 トマトのパチャディ
  ココナッツパチャディ
- 105 ココナッツチャツネ
  白ごまのドライチャツネ

{ ライス & パン }

- 106 レモンライス
- 107 ラバイドリー
- 108 ケララパロタ

{ デザート }

- 110 ミルクパヤザム

撮影　日置武晴
デザイン　中村善郎　yen
編集　長澤麻美

作りはじめる前に

・レシピ中の大さじ 1 は 15ml、小さじ 1 は 5ml です。1 カップは 200ml です。

・本書ではたくさんの油や塩を使わず、油は大さじ 1 程度、塩も小さじ 1/2 からの最小限の量で作れるよう工夫しています。

・本書で使用している牛乳、生クリーム、ヨーグルトは、すべて生乳 100％原料のものです。生クリームは乳脂肪分 35％以上のものを、ヨーグルトは甘みのついていないプレーンを使用してください。

・野菜の切り方は、準備しやすいように、ほとんどのものが材料名の横に記載されています。

・おいしく作るためのコツや、より本格的な味に仕上げるためのアドバイスを「おいしいメモ」にまとめていますのでご参考に。

・材料の○人分は、目安です。料理の品数や食べる量により変わります。

・それぞれのレシピにある唐辛子マークは、辛さの目安です。
　🌶🌶🌶🌶🌶　辛い
　🌶🌶🌶🌶　辛め
　🌶🌶🌶　心地よい辛さ
　🌶🌶　少しピリッとくる
　🌶　わずかに辛い
　マークなし　辛くない

＊使用する唐辛子やチリパウダーの辛さにより、微妙に変わるので、あくまでも目安です。また、辛い料理であっても唐辛子マークにかかわりなく、辛さはお好みで調整できます。

・生のトマトを使用する料理は、トマトの酸味や水分量で仕上がりが変わってきます。酸味が強いと感じたときは、ひとつまみの砂糖を加えて調整してください。また、カレーなどでトマトの水分量が少ない場合には、水を少量足してソースの量を調整してください。

・シナモンスティックは、手に入るものならどれでもかまいませんが、中華食材のシナモン（カシアバーク）はより深い香りと甘みがあります。私は通常このカシアバークを使用しています。

｛インド料理の基礎｝

インド料理はそれほど難しいものではありません。ここでは簡単で役立つ、知っておくと便利なインド料理の知識をご紹介していきます。レストランのあの味を家庭で再現したい、インドの家庭の味を味わってみたいという方のために、おいしいインド料理を作るキーポイントをたくさん盛り込みました。

はじめてTIPS

これさえ守れば簡単においしく仕上がります。

1　スパイスを計っておく。
2　野菜は切っておく。
3　火は基本的に強火にしない。

スパイスはどこで買う？

スパイスはスーパーマーケットや百貨店でも買えるようになってきました。初めて買うときには、少量の瓶入りのもののほうが湿気対策にもなりおすすめです。もし、ご近所でスパイスが手に入らなかったら、下記の場所や方法で購入できます。スパイスの品揃えのいい、メーカーやお店の連絡先はp.20に掲載してありますので参考にしてください。

- ・スーパーマーケット　・百貨店
- ・海外食材店　　　　　・インド食材店
- ・ネット販売

スパイスは何から買う？

いちばん使用頻度の高いスパイスです。

- ・クミンシード　　・コリアンダーパウダー
- ・チリパウダー　　・ターメリック

次に使用頻度の高いスパイスです。

- ・マスタードシード　・ガラムマサラ
- ・クミンパウダー

｛スパイスのＡＢＣ｝

インド料理の多くは、最初にホールスパイスを油で温めて成分を抽出させる工程から始まります。使うスパイスによって、加えるタイミングにはある程度のパターンがありますから、覚えておくといいでしょう。

スパイスを入れるタイミング

ホールスパイス
油と同時に入れることが多い。
＊ホールスパイスは、レストランでは熱く熱した油の中に入れることもある。家庭では火傷をしないように油とともに入れ、じっくり弱火で温める方法をとることが多い。

クミンシードのみ
クミンシードのみのときは、油が少し温まりはじめたら入れ、茶色くなりはじめたら焦がさないよう注意する。焦げると苦みが出る。

クミンシード＋マスタードシード
油が少し温まりはじめたらマスタードシードのみを入れ、マスタードシードがはじけはじめたらクミンシードを加えて蓋をし、音が静まったら蓋を開ける。時間差で加えることで、クミンシードが焦げるのを防げる。

ホールスパイス＋クミンシード
ホールスパイスは油と同時に入れ、クミンシードは他のホールスパイスが膨らんできたら加える。

マスタードシードのみ
マスタードシードのみのときは、油が少し温まりはじめたら入れる。はじける音がしはじめたら目に入らないように蓋をし、音が静まったら蓋を開ける。

パウダースパイスを加えるタイミング
ホールスパイスとパウダースパイスをともに加え加熱する場合は、クミンシードのまわりに泡が立ちはじめたころ。ベジタリアン料理などでは例外を除き、野菜がやわらかくなってきたらパウダースパイスを加える。

ホールスパイス＋マスタードシード
ホールスパイスは油と同時に入れ、マスタードシードは他のホールスパイスが膨らんできたら加える。

ホールスパイスを取り出すタイミング

ホールスパイスは基本的にそのままでもかまわないのですが、特に次の場合には取り出しましょう。

ブレンダーをかける場合
次のものは特にブレンダーをかける前に取り出したほうがよい。シナモン、カルダモン類は舌触りが悪くなりやすいので取り出す。乾燥赤唐辛子は辛くなりすぎるのを防ぐため取り出す。その他のものは好みで取り出しても取り出さなくてもよい。
取り出したホールスパイスは、必要であれば、ブレンダーをかけた後すぐに戻す。

ブレンダーをかけない場合
気になるようであれば、盛りつけ直前に除く。クミンシードとマスタードシードは取り出さなくてよい。

スパイスの計量の仕方

本書ではスパイスの計量に5mlの計量スプーンを使用しています。表記には「小さじ○」、「小さじ○強」、「小さじ○（山盛り）」、この3種類があります。

小さじ1：5mlの計量スプーン一杯に入れた状態（すり切りよりも少し多め）

小さじ1強：5mlの計量スプーンの上に小山ができる程度

小さじ1（山盛り）：5mlの計量スプーンの上に大きな山ができる程度

＊同時に加えるパウダースパイスは、計量した後合わせておいてもよい。ただし、クミンシードとマスタードシードはホールスパイスの中でも入れるタイミングが異なるので、別々の器に入れておく。

｛どんな道具が必要なの？｝

フライパン・鍋
ほとんどのものが、日本の家庭にある用具で作れるように工夫してあります。ただし、蒸し煮をするときには、ほとんどの場合水を使わず野菜の水分だけで仕上げますので、厚手の鍋で蓋に重みのあるものがあればベストです。ない場合には少量の水を必要時に足しながら作りましょう。

ハンドブレンダーまたはミキサー（あれば）
カレーをなめらかなソースにしたり、ペースト状のものを作るときには、これらのものがあると便利です。

{トマトのABC}

トマトもまた、酸味と旨みを加える重要な野菜です。若くて硬く、青みが残っているものより、熟しはじめたもののほうが旨みが増します。

切り方
トマトはヘタを除き、ほとんどの場合皮ごと使う。半分に切ったら、皮を下にして切ると上手に切れる。

水分を飛ばすように加熱する
一部のカレーなどの場合、トマトの旨みを強調するために水分を飛ばすように加熱することがある。特にレストランではこのテクニックを使うことがある。

水分を保ちながら加熱する
逆にトマトの水分を利用して調理する場合もある。特にベジタリアン料理の場合には、このような方法をとることが多い。

{玉ねぎのABC}

玉ねぎは、インド料理に甘みや旨みを加える重要な野菜です。料理によって切り方や炒め方に違いがあります。

切り方
みじん切りはまず繊維に沿って薄く切ってから、繊維に逆らい薄くスライスするように切っていく。繊維に逆らいなるべく薄く切ると、やわらかくおいしく仕上がる。またみじん切りと書いてある場合でも、後からブレンダーをかける場合には、粗く切ってもよい。

炒め方
玉ねぎの炒め方は次の4つがあります。

- 透き通る程度：玉ねぎが加熱され透き通ってきた状態。
- あめ色：透き通った後しばらくして薄く茶色くなってきた状態。
- 角が焦げる：透明の中心部＋角が茶色く焦げはじめた状態。
- 焦げ茶色：ゆっくり加熱し、全体的に焦げ茶色になった状態。

｛もっとおいしくするために｝

少ない油と塩で作るための秘密

インド料理ではたくさんの油と塩を使うことがありますが、「旨み」を上手に使えば、油と塩の量を減らすことが可能です。

インド料理の旨みは何で作る？

・**玉ねぎ**：玉ねぎを炒めたものは旨みとなる。時間のないときなどには市販の「炒め玉ねぎ（あめ色・焦げ茶色）」を用途に応じて適量加えることも可能。

・**トマト**：トマトやトマトの水分を飛ばしたものは旨みとなる。もう少し旨みが欲しい場合には、トマトペーストを少量加えると味に奥行きが出る。

・**香菜**：何か味が足りないと思ったときは、香菜のみじん切りを大さじ1ほど加えると、味に深みが出る。

・**ヒング（アサフォエティダ）**：ホールスパイスと一緒に加えたり、テンパリング（タルカ。p.12参照）にも使用する粉のスパイス。味に深みとコクを出す。

酸味でバランスのお話

インド料理でも味のバランスがとても大切とされています。酸味を加えバランスを取るときには、次のものを使います。

・**マンゴーパウダー**：酸味の強い緑のマンゴーを乾燥させて粉にしたもの。

・**タマリンドペースト**：タマリンドの果実を濃縮したもの。チャツネを作ったり、酸味を加えるために使用する。

・**レモン**：酸味を加えるだけでなく、サラダを作るときなどインド料理には欠かせない。

カレーに使う肉をやわらかく

カレーに使う肉は、ヨーグルトに30分以上漬けておくとやわらかく仕上がります。これに生姜、ニンニクをすりおろしたものやレシピにあるスパイスを少量加えると、風味もいっそうよくなります（漬け込んだヨーグルトを取り除くか、そのまま使うかはレシピ参照）。

テンパリング(タルカ)

インド料理におけるテンパリングとは、スパイスの香りを調理のいちばん最後にトッピングして、料理に風味を加える手法です。油とホールスパイスを合わせて温め、油ごと、調理の仕上げに加えます(p.94参照)。使うスパイスは料理によって異なるので、各料理のレシピを参考に。

｛こまったらこんな方法も｝

スパイスが足りない？

まず初めに少量の塩を加えてみてください。それだけでスパイスの香りが立ってきます。それでもだめなら、コリアンダーパウダーを小さじ1/4〜小さじ1程度加えてください。更にまだおかしい場合には、クミンパウダーを少量加えてください。

塩辛くなりすぎたら

じゃがいもを加えてやわらかくなるまで煮込むと、じゃがいもが塩分を吸ってくれます。

カレーソースが辛すぎたら

生クリーム、ココナッツクリーム、ヨーグルトを加えると辛さがマイルドになります。

カレーソースの味に深みがない

こんな場合にはトマトペーストを小さじ1ほど加えるか、炒め玉ねぎ(市販の焦げ茶色のものでもよい)を小さじ1/2ほど追加すると深みが出ます。

時間がない

みじん切りにした玉ねぎを、電子レンジにかけてから炒めると時間が短縮できます。炒めるときに塩を少量加えても時間を短縮できます。炒めた玉ねぎは冷凍できますので、時間のあるときに作りおくことも可能です。

時間が経ったら料理の味が薄くなった

じゃがいもを含むカレーや蒸し煮の場合、翌日になると塩味が薄くなってしまうことが。これはじゃがいもが塩分を吸い込んでしまったため。じゃがいもを使うときにはなるべく仕上がる直前に塩を加えると減塩できます。

｛材料のお話｝

チリパウダーのお話

一言でチリ（唐辛子）といってもさまざまです。たとえばスーパーマーケットなどで販売されているチリだけでもたくさんの種類と辛さがあります。日本以外ではインド料理に使用するチリパウダーを総称してレッドチリパウダーと呼ぶことが多いのですが、メーカーにより、呼び方や辛さにばらつきがあるのも現状です。特にカイエンペッパーと呼ばれているものは辛みが強いので、これを使用する場合には、この本のレシピの分量の1/2から1/3の量にして調整していただくとよいと思います。私が使用しているものは、中挽きのレッドチリパウダーです。また「韓国料理用のチリパウダーは使えますか？」というご質問を受けることがありますが、もしご自宅にすでにあるのでしたら使用してかまわないと思います。大切なことは、自分で使うチリパウダーがどれくらいの辛さであるかにより、少しずつ加えながらお好みの辛さになるよう分量を調節していただくことです。

青唐辛子のお話

インド料理で青唐辛子は、辛さのためだけでなく、香りのためにも使用します。ものにより、辛いものと辛くないものがあり、触れて硬いものは辛く、やわらかいものは辛さもやわらかいといわれています。通常は6～7cmほどのものを使います。辛いものがどうしても苦手という方は、韓国製の辛くない青唐辛子や万願寺唐辛子、しし唐などで代用することも可能です。使用するときは、例外を除き、ヘタと種を除くことがほとんどです。

ガラムマサラのお話

マサラとはミックススパイスの総称です。特にガラムマサラは体を温める香りのよいスパイスを数種類合わせて作られます。「ガラムマサラの種類は家の数だけある」といわれ、その家庭の秘伝の調合があります。もちろん日本で販売されているガラムマサラも、それぞれのメーカーにより香りが若干異なります。ガラムマサラは、少なめに使用することで間違いなくおいしく仕上がります。入れすぎるとクセのある味になるので注意が必要です。またガラムマサラは火からおろす直前に加え、料理の香りを高めるという独特な使い方もします。

ヨーグルトのお話

ヨーグルトは必ず甘くないプレーンを使用してください。使用する際には、必ずスプーンで混ぜてから使います。ヨーグルトは発酵食品ですので、封を開けると酸味がどんどん増していきます。封の開いていたものを使用する場合には、酸味の程度により、ごく少量の砂糖を加え酸味を調整してください。家庭で作ったものの場合でも、酸味がある場合は同様です。

またインド料理では水切りヨーグルトを使うことがありますが、水を切る時間がない場合には、グリークヨーグルト（プレーン）で代用もできます。

ヨーグルトに熱を加えるときには、必ず弱めの火でゆっくりと。強火で調理すると塊ができてしまい、おいしく仕上がりません。

{スパイス}

＊各スパイスの効能は、これに絶対に効くということでなく、これらのものに対して好影響を穏やかに与えてくれるという意味に捉えてください。あくまでもお母さんの家庭予防の範囲です。誤って多量に摂取すると逆によくない場合もあります。

ホールスパイス

乾燥赤唐辛子（ドライレッドチリ）
赤い唐辛子を乾燥させたもの。ビタミンCが豊富。古くなると黄色く退色する。
効能：抗酸化作用・血行促進・免疫力増強・肥満・コレステロール・頭痛・神経痛

ベイリーフ（ローリエ）
月桂樹の葉を乾燥させたもの。甘い香り。強い香りが必要な場合は、葉に2ヵ所ほどの切り込みを入れる。
効能：消化不良・食あたり

シナモンスティック＆カシアバーク
シナモンよりカシアバークのほうがより甘く深い香り。シナモンは折ると調理中に欠けることがあるので、そのまま使用するか、あればカシアバークのほうがよい。

効能：体を温める・血行促進・コレステロール・食あたり・メタボリックシンドローム・心臓病

グリーンカルダモン
ショウガ科の多年草カルダモンの種子を、サヤごと乾燥させたもの。料理だけでなく、インドスウィーツにも欠かせない。サヤごと使うことも、サヤをはずして使うこともある。緑が薄くなり黄味を帯びたら香りも飛んでいる。冷蔵庫で保存するとよい。
効能：消化不良・口臭予防・胃痛・心臓病

クローブ
フトモモ科の常緑樹の開花前のつぼみを乾燥させたもの。小さくてもパワフルな香り。特に肉料理に合う。頭が丸く盛り上がっているものがよい。
効能：口臭歯痛・食あたり・歯周病・炎症

ブラックカルダモン
ブラウンカルダモン、ビッグカルダモンとも呼ばれる。同じカルダモンでもグリーンカルダモンとはまったく異なる深く重い香りで、肉料理やトマトとも相性がよい。
効能：胃腸障害

フェヌグリークシード（メティ）
マメ科の一年草フェヌグリークの種子を乾燥させたもの。甘さと苦みが共存する個性的なスパイス。使いすぎると料理を台無しにするので注意。
効能：肥満・コレステロール・細菌感染

クミンシード
セリ科の一年草クミンの種子を乾燥させたもの。インド料理には欠かせないスパイス。料理の骨組みを作る香り。焦がすと苦くなる。
効能：食中毒・骨粗鬆症

マスタードシード

アブラナ科の一年草マスタードの種子を乾燥させたもの。黒、茶、黄と3色あるが、インド料理でいちばん使用するのは茶色のもの。油で温めるとはじけて香ばしい香りを添える。はねたものが当たると火傷をするので気をつけたい。特に南インド料理には欠かせないスパイス。テンパリング（タルカ。p.12参照）にもよく使われる。
効能：コレステロール・心臓病

パウダースパイス

チリパウダー（レッドチリパウダー）

乾燥赤唐辛子の粉末。ビタミンCが豊富。辛みだけでなく、甘い香りも。長期保存する場合は、密閉して冷蔵庫に入れると長持ちする。
効能：抗酸化作用・コレステロール・肥満・免疫力増強

ガラムマサラ

ベイリーフ、クローブ、カルダモン、シナモンなどを主体にまとめられた、ミックススパイス。入れすぎると料理が台無しになるので控えめに。メーカーにより香りも若干異なる。
効能：体を温め血行を促進する

クミンパウダー

クミンシードの粉末。料理の味が物足りないとき、少量加えるとうまくバランスが取れる。
効能：消化促進・ストレス・記憶力低下・食中毒・骨粗鬆症

コリアンダーパウダー

セリ科の一年草コリアンダーの種子を、乾燥させて粉末にしたもの。いちばん汎用性の高いスパイスのひとつ。ベジタリアン料理の味の核になるといわれている。料理の味が物足りないとき、少量加えるとうまくバランスが取れる。かなりたくさん使っても問題のないスパイスのひとつで、かすかなとろみもつく。
効能：コレステロール・便秘・下痢・消化不良・腹痛

ターメリック

乾燥したウコンを粉にしたもの。インド料理では欠かせないスパイスのうちのひとつ。各家庭に必ずあり、常備薬として使用することも。入れすぎると苦くなる。野菜や豆が早く煮上がるのを助ける。
効能：殺菌・止血・鬱・アルツハイマー・肥満・コレステロール・アレルギー・かゆみ・痛み

黒コショウ（粗挽き）

熟す前のコショウの実を乾燥させたものが黒コショウ。これを粗く挽いたもの。料理に辛みを加える他、料理の味を締める効果もある。粒コショウをミルで挽いて使用する場合には、細かい粉も含まれるので、市販の粗挽きコショウよりも辛みが強くなることがある。
効能：食欲不振・血行促進・体を温める・アルツハイマー・記憶力増進

｛豆｝

ベジタリアンの重要なたんぱく源である豆類。インド料理で使用する豆は、たくさんの種類があります。同じ豆でも皮のついたままのもの、皮をむいたもの、割ったものなどがあり、それぞれでまた使い方も異なります。特に割った豆はダルと呼ばれ、そのダルを調理した料理のこともまたダルと呼びます。ダルには皮つきのまま割ったものと、皮をむいてから割ったものがあります。本書では比較的水に浸ける時間が短く、日本でも手に入れやすいこのダルを使用しました。

マスールダル（レッドレンティル）
レンズ豆の一種、マスール豆の皮をむき割ったもの。オレンジ色で、煮上がると黄色くなる。水に浸ける時間も短く、煮上がりも早いので常備すると便利。ツールダルの代わりとして使用することもある。

ツールダル
黒いツール豆の皮をむき割ったもので、インド全域で日常的によく使われている。比較的水に浸ける時間も短く、煮上がりも早い。南インドのサンバルにも使われる。

ムングダル（皮つき）
ムング豆（緑豆）を皮ごと割ったもの。早煮用としてよく使われる。割ってあるので、水に浸ける時間も、煮上がる時間も短くてすむ。慣れたら割っていない豆を使うとよりおいしい。

ウラドダル（皮むき）
ウラドダルは皮をむいたもの、むいていないものともによく使われる。これはウラド豆の黒い皮をむいてから割ったもの。比較的水に浸ける時間は短くてすむ。特に南インド料理には欠かせない豆で、ホールスパイスとともに加え香ばしさを出したり、ブレンダーでペーストにして使うこともある。テンパリング（p.12参照）にもよく使われる。

｛その他の材料｝

生クリーム
乳脂肪分35％以上のものを使用する。

チャパティ粉
アター。インドのパンのチャパティ用の小麦粉。手に入らない場合には薄力粉で代用もできる。

イドリーラバ
米と豆を使用しないイドリーを作るための専用セモリナ。

ギー

ギーは無塩バターを煮溶かし、含まれている水分や不純物を取り除いたもの。焦げにくいという長所があるが、少量では作れない。本書では基本的に植物油を使用し、必要であれば溶かした無塩バターを使用している。

ココナッツミルク

生のココナッツから作られるミルク状の液体で、缶詰になって販売されている。

塩

各家庭で使用している塩により、塩辛さが若干異なる。塩は少なめから加えはじめ、仕上げる前に必ず塩加減を調整する。

ヒング（アサフォエティダ）

ジャイアントフェンネルの樹脂を乾燥し粉にしたもので、臭い。温めると臭い香りは旨みとなる。ほんの少量を使うことで大きな効果が出る。
効能：胃腸の調子を整える

薄力粉

薄力粉はバイオレットを使用している。インドのパンを作るときの、打ち粉としても使用する。

トマトペースト

インド料理の旨みとして使用する。1回に使用する分量はレシピに準ずるが、ほとんどの場合小さじ1〜大さじ1ほどの分量。

サフラン

サフランのめしべを乾燥させたもの。スパイスの中でもっとも高価なもの。肉料理、ビリヤーニやライス、デザートなどに使う。水溶性なので水に溶かして使用することが多い。
効能：不安感・鬱・疲労・生理痛・記憶力低下・アルツハイマー

パパダム（パパド）

揚げたりあぶったりして食べる、塩味のさっくりスナック。

パパダムの調理法

油で揚げる：180℃に熱した油の中に入れ、すぐに取り出す（あらかじめ4等分にしてから揚げるとやりやすい）。

あぶる：トングなどで挟み、直火であぶる。

電子レンジ：600wの電子レンジで、30秒ごとにようすを見ながら加熱する。

カレーリーフ

日本ではカレーの木と呼ばれる樹木の葉の部分を指す。温めた油に入れて香りを引き出す。ゴマのような素晴らしい香りで料理を彩る。南インドでは特に欠かせないもの。乾燥させたものもあるが、生のものを使いたい。夏になると出回るので冷凍保存したい。
効能：胃腸の調子を整える・視力低下を防ぐ・アルツハイマー・コレステロール・記憶力増進

｛タリー｝

タリー

タリーはスチール製の大皿（タリー）に、数々の料理が盛りつけられたものを総称していいます。地域により盛りつけられる料理はさまざまで、レストランによっては食べた後からまた新しいものが次々と足されることもあります。家庭でもタリーで食事をすることはありますが、日常の食事がいつもタリーだということではありません。料理はタリー皿の上に直接盛りつけたり、カトリというスチール製の小さなボウルに入れたりします。タリーにはベジタリアンとノンベジタリアンのものがあります。基本的にはパン、ライス、汁のない野菜・肉料理、汁のある野菜・肉料理、ダル、スナックのパパダムやサモサなど、ヨーグルトまたはライタ、チャツネやピクルス、スウィーツなどが含まれます。

ヨーグルトスウィーツ（シュリカンド）p.82
ミックスベジタブルカレー p.44
スパイシームングダル（皮つき割り緑豆のダル）p.45
チャパティ p.73
パパダム p.17
きゅうりのライタ p.66
タンドリーチキン p.48
アーモンドチキンカレー p.31

ミールス

南インドのタリーの一部はミールスとも呼ばれ、タリー皿の他にバナナの葉を使うこともあります。南インドで多く食べられるランチメニューがもとといわれ、寺院などでもこの形式で施しをします。南インドではアーユルベーダの考え方が浸透していて、このような食べ方が体のバランスを保つという考え方もあるそうです。南インドではライスが中心となり盛りつけられます。基本的にはライス、汁のない野菜料理、ラサムやサンバルなどの汁物、パパダムやワダ、チャツネやドライチャツネ、ピクルス、ギー、スウィーツなどが含まれます。これも厳格なルールはありません。

ココナッツパチャディ p.104
豆の塩ドーナッツ（ワダ） p.100
パパダム p.17
白ごまのドライチャツネ p.105
ココナッツチャツネ p.105
バスマティライス p.70 おいしいメモ
ラサム p.96
サンバル p.97
かぼちゃのクートェ p.94
キャベツといんげんのポリヤル p.86

食材入手先リスト

スパイス・その他
エスビー食品株式会社
エスビー食品オンラインショップ お届けサイト
http://www.sbotodoke.com/
お客様相談センター　Tel. 0120-120-671

スパイス・その他
ハウス食品株式会社
お客様相談センター　Tel. 0120-50-1231

スパイス・その他
マスコットフーズ株式会社
オンラインショップ　http://shop.mascot.co.jp
Tel. 03-3490-8418

スパイス・その他
株式会社大津屋商店
東京都台東区上野 4-6-13
Tel. 03-3834-4077
http://www.rakuten.co.jp/uenoohtsuya/

スパイス・インド食材・カレーリーフ（夏季のみ）
アンビカトレーディング株式会社（アンビカショップ）
東京都台東区蔵前 3-19-2
Tel. 03-5822-6628

スパイス・その他
NATIONAL AZABU
（ナショナル麻布スーパーマーケット）
東京都港区南麻布 4-5-2
Tel. 03-3442-3181

スパイス・インド食材
日進ワールドデリカテッセン
東京都港区東麻布 2-34-2
Tel. 03-3583-4586

スパイス・その他
紀ノ国屋インターナショナル
東京都港区北青山 3-11-7　Ao ビル B1F
Tel. 03-3409-1231

スパイス・その他
富澤商店
http://www.tomizawa.co.jp
お問い合わせ窓口【センター】
Tel. 042-776-6488
（月〜金 9:00 〜 17:00 / 土 9:00 〜 15:00）

カレーリーフの苗（初夏〜初秋）
日光種苗株式会社
栃木県宇都宮市平出工業団地 33 番地
Tel. 028-662-1313
http://nikkoseed.co.jp

{みんなが好きなインド料理}

数え切れないほどのインド料理の中から、人気度の高い料理を集めてみました。インド料理の初心者から上級者までが楽しめ、いちばん簡単でおいしく作れる方法をご紹介します。

{サブジ} p.22

サブジは野菜のお惣菜と考えればわかりやすいと思います。インドでは、野菜は生で食べるより蒸し煮にすることが多く、そこにスパイスを加え深みのある味にします。ここでは日本の食卓でお惣菜の一品としても使え、お弁当や常備菜にもなる便利な野菜料理を揃えてみました。

{カレー＆ダル} p.28

ここではおなじみの呼び方でカレーと呼んでいますが、実はインドではソースのあるもの、ないもの、というように区別をします。中でも豆を使ったものはダルと呼ばれ、インドの毎日の食卓に欠かせないものです。ここではそんな中から人気のあるものを厳選し、できるだけ簡単でヘルシーに仕上げました。

{スナック＆おかず} p.48

とにかくスナック好きなインド人は、なにかにつけスナックを食べることがひとつの習慣となっています。ここではタンドリーチキンやケバブをはじめ、作りやすくて食べやすい、どなたにも喜ばれるスナックとおかずをご紹介します。

{サラダ} p.64

サラダにした生野菜をあまり食べる習慣のないインドですが、欧米の影響によりインド人家庭でもサラダを作るようになりました。その中でも代表的なものがカチュンバです。ここでご紹介するサラダ2品はわが家でよく作るオリジナルなもの。ヘルシーな副菜として毎日の食事に組み込めます。

{ライタ＆チャツネ＆ピクルス} p.66

野菜にヨーグルトを加えて作るライタは、インド料理の辛さをやわらげてくれる人気の副菜。ピクルスやチャツネは、日本の漬物のように料理の合間にそのままつまんだり、パンやご飯、サモサやパパダムなどのスナックにつけて食べられます。

{ライス＆パン} p.70

人気のご飯とパンをご紹介します。いろいろな作り方があるのですが、最近の社会で忙しく活躍するインド人主婦の知恵が、日本のキッチンでも役立ちます。ここではそんな最新のテクニックを駆使して、簡単で本格的な味が楽しめるように工夫してみました。

{デザート＆ドリンク} p.78

インドのデザートというと、少し難しくてなじみのないもののように感じますが、実は牛乳やヨーグルトなどを使うものが多く、日本の家庭でも意外に簡単に作れます。またおなじみのドリンク、ラッシーやチャイも、ちょっとしたコツと配合のバランスに気を使えば格段においしく仕上がります。ここでは少し甘さを控えめにやさしい味に仕上げてみました。

{ サブジ }
じゃがいもの蒸し煮

じゃがいもをスパイスでじっくり蒸し煮したインドのお惣菜です。
インドベジタリアン料理のおいしさが集約されたおかあさんの味。
このレシピはじゃがいもにソースが絡み、鍋底にもソースが少しある程度に仕上げてください。
材料を揃えて計量しておけば、とても簡単な手順です。

材料（3〜4人分）🌶🌶🌶
ジャガイモ（3cm角に切る） 中4個分
植物油 大さじ1
マスタードシード 小さじ1/4
クミンシード 小さじ1/4
A
├ ターメリック 小さじ1/2
├ チリパウダー 小さじ1/2
└ コリアンダーパウダー 小さじ1（山盛り）
B
├ トマトペースト 大さじ1
│ （水大さじ4で溶いておく）
└ 塩 小さじ1/2〜の適量

1 厚手の鍋に油を入れて弱めの中火で温め、マスタードシードを入れる。
2 マスタードシードがはじけはじめたら、クミンシードも加え（a）、蓋をして火を弱める。
3 はじける音が静まったらジャガイモを加えてよく混ぜ（b）、弱めの中火で蓋をして加熱する。
4 ジャガイモに火が通りはじめたらAを加えてよく混ぜ（c）、Bも加える。
5 ときどきかき混ぜながら、蓋をしてジャガイモがやわらかくなるまで加熱する。

　　おいしいメモ
- 5で、レモン果汁小さじ1と砂糖ひとつまみを加えると味がしまる（d）。

じゃがいものスパイス絡め

インドベジタリアン料理を初めて作るなら、こんなレシピがおすすめです。
あらかじめゆでたじゃがいもに、さっとスパイスを絡めるだけ。
インド料理でもよく使われる、白ごまとレモンの酸味が隠し味です。
このレシピでは、常温の油にクミンシードと赤唐辛子を入れ、じっくり温めるのがコツです。

材料（2〜3人分）🌶🌶
ジャガイモ（小） 8個
植物油 大さじ1
乾燥赤唐辛子 1本
クミンシード 小さじ1/4
A
- **ターメリック** 小さじ1/4
- **コリアンダーパウダー** 小さじ1（山盛り）
- 煎り白ゴマ 小さじ1
- 塩 小さじ1/2〜の適量

B
- レモン果汁 小さじ2
- 砂糖 ひとつまみ

1 ジャガイモは丸ごとゆでて皮をむき、一口大に切る。
2 厚手の鍋に油と乾燥赤唐辛子を入れて弱火で加熱する。
3 赤唐辛子が膨らみはじめたら、クミンシードも加える（a）。
4 クミンシードのまわりに泡が立ちはじめたら、1のジャガイモを加えてよく混ぜる（b）。
5 ジャガイモに油が絡まったらAを加え、混ぜながら加熱する（必要なら大さじ2杯程度の水を加えてもよい）。
6 ジャガイモの角が崩れはじめたらBを加え（c）、混ぜながら1分間加熱する。

おいしいメモ
- ジャガイモをゆでるときに、水800mlにターメリック小さじ1/4（分量外）を加えるとよい（d）。

キャベツの炒め蒸し

キャベツにおなじみの野菜を加え、スパイスで炒めた簡単な料理です。
日本でもおかずが一品足りないときに野菜を炒めたりしますが、
それと同様に西インドの家庭では日常的に作られるおかずです。このレシピはちょうど
撮影をしていたときに義母から教えていただいたもの。食べやすくとてもヘルシーです。

材料（3〜4人分）

A
- ニンジン（小） 1本（約50g）
- キャベツ（中） 1/4個
- ピーマン 1個（約30g）
- 青唐辛子（ヘタと種を取る） 1〜3本

植物油 大さじ1
マスタードシード 小さじ1/2
クミンシード 小さじ1/2
ターメリック 小さじ1/4
塩 小さじ1/2
レモン果汁 小さじ1

1. Aの野菜はすべてせん切りにしておく（a）。
2. 厚手の鍋または深型フライパンに油を入れて、弱めの中火で温め、マスタードシードを入れる。
3. マスタードシードがはじけはじめたら、クミンシードも加え（b）、蓋をして火を弱める。
4. はじける音が静まったらニンジンを加え、中火にして軽く炒める（c）。
5. ニンジンがしんなりしはじめたら、その他のAの野菜を加えてよく混ぜる（d）。
6. ターメリックを加え、蓋をして混ぜながら加熱する。
7. 野菜がしんなりしたら塩とレモン果汁を加えてよく混ぜ、すぐに器に盛る。

おいしいメモ
- ウラドダル（皮むき）があれば、3で小さじ1を加える。
- 7では、好みでチリパウダー小さじ1/4を加えてもよい。
- 野菜に油が絡んでから塩を加える。また、レモンの酸味が強いときには、砂糖を加えてバランスを取る。

にんじんのスパイス煮

にんじんを生姜とスパイスで蒸し煮したものです。
風邪をひきそうなときや疲れたときによく作ります。
にんじんが嫌いな方も、これなら食べてくれるんですよ。
しっかりした味なので、お弁当などの常備菜にもいいですよ。

材料（3～4人分）🌶🌶🌶
ニンジン（中） 1本（約150g）
生姜（せん切り） 大さじ1（約10g）
植物油 大さじ1
クミンシード 小さじ1/2
A
├ **ターメリック** 小さじ1/4
├ **チリパウダー** 小さじ1/4
└ **ガラムマサラ** 小さじ1/4
塩 小さじ1/2
レモン果汁 小さじ1/4

1 ニンジンは皮をむき、イチョウ切りにする。
2 厚手の鍋に油を入れて中火で少し温め、クミンシードを入れる（a）。
3 クミンシードのまわりに泡が立ちはじめたら、生姜を加える（b）。
4 生姜の香りがしてきたらニンジンを加え（c）、蓋をして弱火で加熱する。
5 ニンジンがやわらかくなりはじめたら、Aのスパイスと塩を加えて（d）よく混ぜ、蓋をする。
6 ニンジンがやわらかくなったらレモン果汁を加え、蓋をして1分ほど加熱する。

おいしいメモ
- 焦げつかないようにときどきかき混ぜる。
- レモン果汁の代わりにマンゴーパウダー小さじ1/2を加えてもよい。
- 鍋の蓋がきっちり閉まらないときには、水を大さじ1ほど加えてもよい。

a

b

c

d

オクラの蒸し煮

オクラを使ったシンプルなお惣菜です。
オクラの蒸し煮もいろいろな種類がありますが、
このレシピは義母伝授のもので、家族みんなの大好物です。
これだけでもご飯が進んでしまい、常備菜やお弁当にも活躍します。

材料（2〜3人分）🌶🌶🌶
オクラ（洗ってから乾かし、1cm幅に切る）
　4パック分
植物油　大さじ1
フェヌグリークシード（手に入ればぜひ）
　小さじ1/8
マスタードシード　小さじ1/2
A
├ ターメリック　小さじ1/4
├ コリアンダーパウダー　小さじ1（山盛り）
├ チリパウダー　小さじ1/2
└ 塩　小さじ1/2強

1　フライパンに油を（あればフェヌグリークシードも）入れて弱めの中火で温め、マスタードシードを入れる（a）。
2　マスタードシードがはじけはじめたら、蓋をして火を弱める。
3　はじける音が静まったら、オクラを加えて（b）そっと混ぜる。
4　オクラがやわらかくなりはじめたらAを加え（c）、蓋をしないで加熱する。
5　オクラの粘りが出ないように、そっとときどき混ぜる。
6　オクラの水分が蒸発し、少し小さくなるまで加熱する。

おいしいメモ
- オクラの粘りを出さないため、油の量を大さじ2にしてもよい。
- オクラを洗ったときの水分が残っていると、粘りが出てスパイスがオクラに絡まない。また混ぜるときにも、そっと裏返すような感じで。

苦瓜のスパイス煮

苦瓜はもともと苦みのある野菜なので、同じく苦みを持つターメリックは控えめに。
野菜のスパイス煮は、蓋がしっかり閉まる鍋で水を加えず
野菜の水分だけで仕上げます。もし焦げそうで心配な場合は、
大さじ1程度の水を加えてください。

材料（3〜4人分）
苦瓜（ゴーヤー。大）　1本
植物油　大さじ1
マスタードシード　小さじ1/2
A
├ **ターメリック**　小さじ1/4
├ **チリパウダー**　小さじ1/4
└ 塩　小さじ1/4

1　苦瓜は皮の粒々の先端をピーラーで削ぎ、輪切りにして種を除く。
2　厚手の鍋に油を入れて弱めの中火で温め、マスタードシードを入れる。
3　マスタードシードがはじけはじめたら（a）、蓋をして火を弱める。
4　はじける音が静まったら、苦瓜を加えてよく混ぜ（b）、蓋をして弱火で加熱する。
5　苦瓜がやわらかくなりはじめたら、Aのスパイスと塩を加える。
6　ときどき混ぜながら、蓋をして弱火でじっくり火を通す（c）。

おいしいメモ
- 苦瓜は1の後に、1000mlの水に塩または砂糖（ともに分量外）小さじ1程度を加えたもので軽くゆでておくと、苦みがやわらかくなる。

{ カレー & ダル }

基本のチキンカレー

これさえ覚えれば、いろいろな応用がきく基本のチキンカレーです。
クミンシードとともに入れるホールスパイスは、なければなくても大丈夫です。
あれば揃ったものだけでも加えてください。味と香りに深みが増します。

材料（2〜3人分）🌶🌶🌶
鶏モモ肉（皮を除き、唐揚げサイズに切る）　300g
生姜、ニンニク（各すりおろし）　各大さじ1
植物油　大さじ1
ホールスパイス（あれば）　下記メモ参照
クミンシード　小さじ1/2
玉ネギ（みじん切り）　中1/2個分
トマト（みじん切り）　中2個分
A
├ **ターメリック**　小さじ1/2
├ **コリアンダーパウダー**　小さじ2（山盛り）
├ **クミンパウダー**　小さじ1
└ **チリパウダー**　小さじ1/4〜1/2
塩　小さじ1/2〜の適量
ガラムマサラ　小さじ1/2
香菜（みじん切り。あれば好みで）　大さじ1〜3

1. 鶏肉に生姜、ニンニクを加えて（a）よく混ぜておく。
2. 厚手の鍋に油を（あればホールスパイスも）入れて弱めの中火で温め、クミンシードを入れる（b）。
3. クミンシードのまわりに泡が立ちはじめたら玉ネギを加え（c）、混ぜながら加熱する。
4. 玉ネギが茶色く色づいたらトマトを加え（d）、蓋をして加熱する。
5. トマトが崩れはじめたらAのスパイスと塩を加え、蓋をして加熱する。
6. トマトが完全に崩れたら、ブレンダーでなめらかなソースにする（e）。
7. 6に1を入れ（f）、ガラムマサラを（好みで香菜も）加えて蓋をし、弱火で鶏肉がやわらかくなるまで加熱する。

おいしいメモ
- 1では、あればヨーグルト（プレーン）大さじ1を加えると肉がやわらかくなる。
- 2では、あればホールスパイス（シナモンスティック6cm、グリーンカルダモン5個、クローブ5個）を加えるとよい。揃うものだけでもよい。
- トマトが完熟でなく若い場合には、トマトペースト小さじ1を加えるとコクが増す。
- ソースの量はトマトの水分と鶏肉から出る水分で充分なはずだが、もし必要なら水を少量加えてもよい。

基本のチキンカレーのアレンジ

基本のチキンカレー
（p.28参照）

基本のチキンカレー
＋生クリーム

基本のチキンカレー
＋ココナッツミルク

基本のチキンカレー ＋生クリーム

基本のチキンカレーに生クリームを加えると、辛さが抑えられたやさしい味のクリーミーなカレーに仕上がります。
前日に残ったチキンカレーで作っても。

材料（2〜3人分）🌶🌶
基本のチキンカレー（p.29参照）　p.29の量
生クリーム（乳脂肪分35％）　100ml

基本のチキンカレーの仕上げに生クリームを加え、蓋をして弱火で5分ほど煮込む。

基本のチキンカレー ＋ココナッツミルク

基本のチキンカレーにココナッツミルクを加えると、マイルドなココナッツカレーに仕上がります。

材料（2〜3人分）🌶🌶
基本のチキンカレー（p.29参照）　p.29の量
ココナッツミルク　100ml

基本のチキンカレーの仕上げにココナッツミルクを加え、蓋をして弱火で5分ほど煮込む。

おいしいメモ
- 盛りつけるときに、好みで香菜を添えてもよい。

アーモンドチキンカレー

アーモンドのペーストを加えた、やさしい味のカレーです。
チキンカレーの作り方のうちのひとつに、ナッツをペーストにしたものをソースに加え、
味に奥行きを出す方法があります。ここではアーモンドを使いましたが、
時にはカシューナッツに代えて、また違ったおいしさをお楽しみください。

材料（2～3人分）🌶🌶🌶
鶏胸肉（皮なし。一口大のそぎ切り）　300g
ヨーグルト（プレーン）　大さじ3強
製菓用アーモンド（皮なし）　30g
植物油　大さじ1
ホールスパイス（あれば）　下記メモ参照
玉ネギ（中）　1/2個（約220g）
生姜、ニンニク（各すりおろし）　各大さじ1（山盛り）
トマト（粗みじん切り）　中1個分
A
├ コリアンダーパウダー　小さじ2（山盛り）
├ ターメリック　小さじ1/2
├ クミンパウダー　小さじ2（山盛り）
└ チリパウダー　小さじ1/2
B
├ 香菜（みじん切り）　大さじ3
└ 水　200ml
塩　小さじ1/2～の適量

1　鶏肉はヨーグルトを加えてよく混ぜる（a）。
2　アーモンドは水60mlを加えてブレンダーでペーストにしておく。
3　厚手の鍋に油を（あればホールスパイスも）入れて弱めの中火で温める。
4　油が温まったら玉ネギを入れ、混ぜながら加熱する。
5　玉ネギが茶色く色づいたら生姜、ニンニクを加えて加熱する。
6　ニンニクの香りが立ってきたらトマトを加え、混ぜながら加熱する。
7　トマトが崩れ水分が少しになったらAを加えて混ぜ、加熱する。
8　スパイスの香りが立ってきたら2のペースト、Bも加えて混ぜ、加熱する。
9　5分ほどしたら火を弱め、1の鶏肉をヨーグルトごと加えて混ぜ、蓋をして弱火で加熱する。
10　鶏肉が白くなりはじめたら塩を加え、蓋をして鶏肉に火を通す。

おいしいメモ
- 3では、あればホールスパイス（シナモンスティック5cm、グリーンカルダモン5個、クローブ5個）を加えるとよい。揃うものだけでもよい。

a

チキンマカニ

バターチキンとも呼ばれているカレーです。コクがあり深みのあるとろっとしたソースが特徴です。本来は多量のギーでスパイスの味を引き出すのですが、最小限の油とバターでおいしさが出せるように工夫しました。少量のバターでも、食べる直前に加えることで風味が際立ちます。

材料（3～4人分）

鶏モモ肉（皮なし。大きめの一口大に切る） 500g

A
- ヨーグルト（プレーン） 大さじ3
- 生姜、ニンニク（各みじん切り） 各小さじ2（山盛り）
- **ターメリック** 小さじ1/2
- **ガラムマサラ** 小さじ1

植物油 大さじ1
ホールスパイス（あれば） 下記メモ参照
クミンシード 小さじ1/2
玉ネギ（みじん切り） 大1個分

B
- コリアンダーパウダー 小さじ2（山盛り）
- チリパウダー 小さじ1/2
- クミンパウダー 小さじ1/2

C
- トマト缶 1缶（400g）
- 香菜（みじん切り） 大さじ3（山盛り）

D
- 生クリーム 200ml
- 塩 小さじ1/2～の適量

無塩バター 15g

作り方

1. 鶏肉にAを加えてよく混ぜ、30分以上ねかせる（a）。
2. 厚手の鍋に油を（あればホールスパイスも）入れて弱めの中火で温め、クミンシードを入れる。
3. クミンシードのまわりに泡が立ちはじめたら玉ネギを加え（b）、混ぜながら加熱する。
4. 玉ネギが茶色くなったら、Bのパウダースパイスを加えて（c）よく混ぜる。
5. スパイスの香りが立ってきたらCを加えて混ぜ（d e）、蓋をして加熱する。
6. トマトが崩れたらDを加えて（f）よく混ぜ、火を止めてブレンダーでなめらかなソースにする（g）。
7. 1をすべて6に加え（h）、蓋をして弱火で鶏肉がやわらかくなるまで煮込む。
8. 盛りつける直前にバターを加え、よく混ぜる。

おいしいメモ
- 鶏肉を長時間ねかせる場合は冷蔵庫に入れ、使う前に常温に戻す。
- 2でホールスパイス（シナモンスティック6cm、乾燥赤唐辛子2本、クローブ3個、ベイリーフ1枚）を加えるとよりおいしい。あればブラック（＝ブラウン）カルダモン小1個も加える。揃うものだけでもよい。
- 盛りつけるときに、好みで香菜（みじん切り）を添える。

プローンコルマ

トマトをふんだんに使ったえびカレーです。本来は缶詰のトマトで作りますが、ここでは生のトマトを使い、よりヘルシーに仕上げました。
濃厚なソースの後味に、トマトの爽やかさがおいしい食べやすいカレーです。

材料（2〜3人分）🌶🌶🌶
エビ（大。尾と殻を除き、背ワタを楊枝で取る）　10尾
植物油　大さじ1
マスタードシード　小さじ1/2
玉ネギ（みじん切り）　中1/2個分
生姜（みじん切り）　大さじ1
ニンニク（みじん切り）　小さじ1
トマト（粗みじん切り）　大2個分
A
- **コリアンダーパウダー**　小さじ2（山盛り）
- **クミンパウダー**　小さじ2
- **チリパウダー**　小さじ1/2
- **ガラムマサラ**　小さじ1/4
- 香菜（みじん切り）　大さじ1
- トマトペースト　大さじ1
- 塩　小さじ1

生クリーム　100ml
無塩バター　15g

1. 厚手の鍋に油を入れて弱めの中火で温め、マスタードシードを入れる。
2. マスタードシードがはじけはじめたら、蓋をして火を弱める。
3. はじける音が静まったら玉ネギを加え、混ぜながら中火で加熱する。
4. 玉ネギの角が茶色くなったら、生姜とニンニクを加える。
5. ニンニクの香りが立ってきたらトマトを加えて混ぜ、蓋をして弱めの中火で加熱する。
6. トマトが崩れはじめたらAをすべて加えて混ぜ、蓋をして加熱する。
7. トマトが崩れたら火を止めてブレンダーでなめらかにし、生クリームを加えて混ぜる。
8. 7にエビを加え、蓋をして弱火でエビに火を通す。
9. エビに火が通る直前に無塩バターを加え、よく混ぜる。

おいしいメモ
- エビは下処理をしておくとよい（p.99参照）。
- 1では、あればホールスパイス（シナモンスティック5cm、グリーンカルダモン5個、クローブ5個）も油と同時に加えるとよい。
- 8で酸味が強すぎる場合には、砂糖をひとつまみ加えてバランスを取る。
- 生クリームの代わりにココナッツクリームを使ってもよい。

西インドのえびカレー

えびを使ったカレーは短時間で仕上がるので、覚えておくと便利です。
ここで作るソースはえびだけでなくいろいろなシーフードに合わせられます。
その日のいちばん新鮮なシーフードを使って、味のバリエーションをお楽しみください。

材料（2〜3人分）
エビ（大。尾と殻を除き、背ワタを楊枝で取る） 10尾
植物油　大さじ1
ホールスパイス（あれば）　下記メモ参照
クミンシード　小さじ1/2
玉ネギ（みじん切り）　大1個分
生姜（すりおろし）　小さじ2
ニンニク（すりおろし）　小さじ1
トマト（粗みじん切り）　中1/2個分

A
- **コリアンダーパウダー　小さじ2（山盛り）**
- **ターメリック　小さじ1**
- **チリパウダー　小さじ1/2〜の適量**

B
- 水　100ml
- 生クリーム、ココナッツミルク　各100ml
- 香菜（みじん切り）　大さじ1
- トマトペースト　小さじ2強
- 塩　小さじ1/2〜の適量

1　厚手の鍋に油を（あればホールスパイスも）入れて弱めの中火で温め、クミンシードを入れる。
2　クミンシードのまわりに泡が立ちはじめたら玉ネギを加え、混ぜながら加熱する。
3　玉ネギが茶色くやわらかくなったら、生姜、ニンニクも加える。
4　ニンニクの香りが立ってきたらトマトを加えて混ぜ、加熱する。
5　トマトが崩れはじめたらAを加えて混ぜ、焦がさないように加熱する。
6　スパイスの香りが立ってきたらBを加えて混ぜ、蓋をして弱火で加熱する。
7　沸騰しはじめたら火からおろし、ブレンダーでなめらかなソースにする。
8　7にエビを加え、蓋をして弱めの中火でエビに火が通るまで加熱する。

おいしいメモ
- エビは下処理をしておくとよい（p.99参照）。
- 下処理をしたエビに、レモン果汁小さじ1にターメリック小さじ1/4弱（各分量外）を溶かしたものを加えて混ぜておくとよい（a）。
- 1では、あればホールスパイス（グリーンカルダモン3個、クローブ2個、ベイリーフ1枚）を加えるとよい。揃うものだけでもよい。

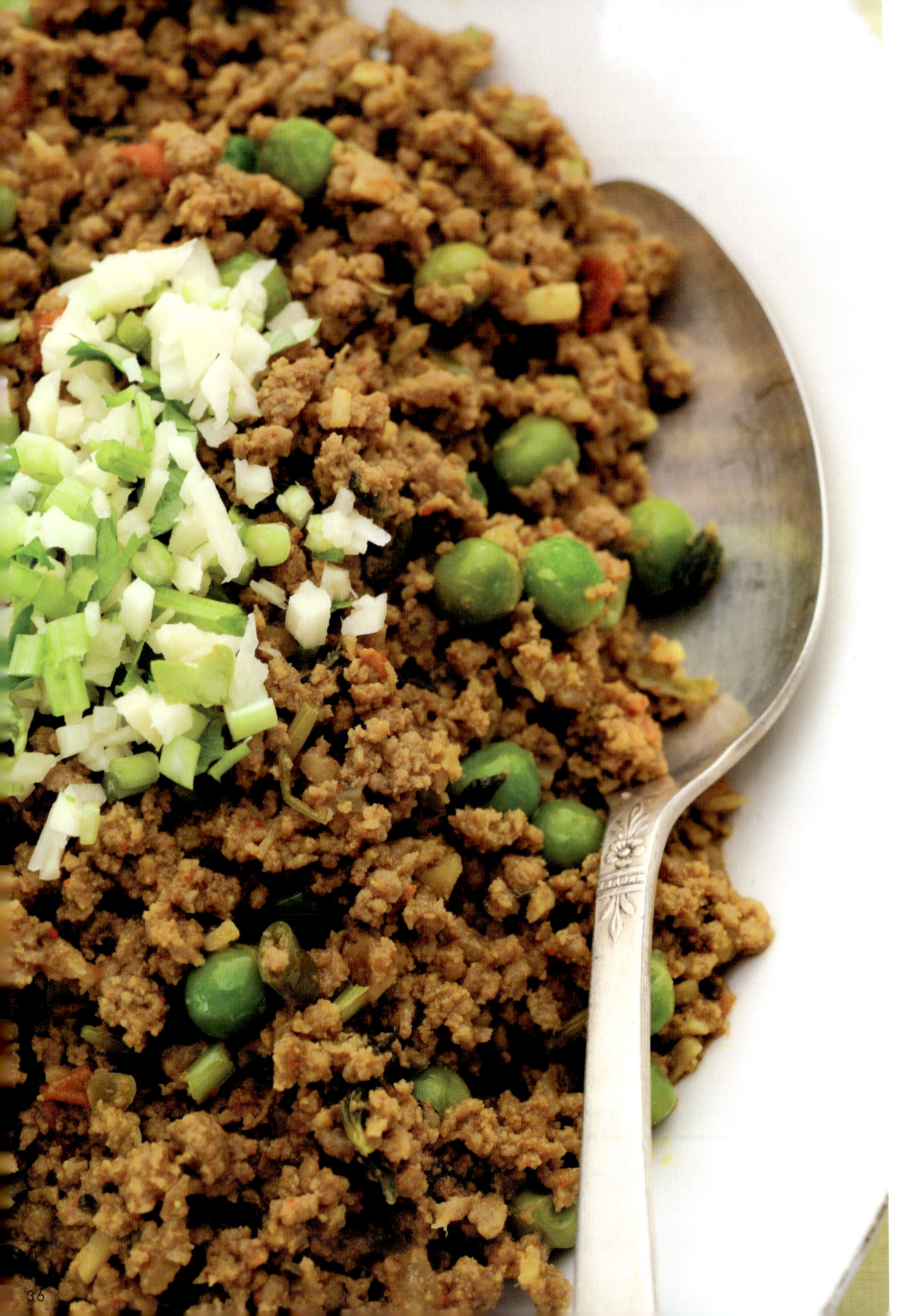

ドライキーマカレー

挽き肉で作る、ソースのないドライキーマカレーです。材料さえ揃えてしまえば、
あとは炒めるだけ。どこの家庭にもそれぞれのおいしさがあると思いますが、
私は生姜をたっぷり使います。おろし生姜とみじん切り生姜の
ダブル使いをすれば、飽きのこない爽やかな味に仕上がります。

材料（2〜3人分）
挽き肉（下記メモ参照）　500g
生姜、ニンニク（各すりおろし）　各大さじ1
植物油　大さじ1
ホールスパイス（あれば）　下記メモ参照
赤玉ネギ（みじん切り）　1/4個分
A
├ 生姜、ニンニク（各みじん切り）　各大さじ2（山盛り）
├ 青唐辛子（ヘタと種を除き、みじん切り）
│　　1〜3本分
└ トマト（みじん切り）　中1/2個分
B
├ **コリアンダーパウダー**　小さじ2（山盛り）
├ **ターメリック**　小さじ1
├ **クミンパウダー**　小さじ1（山盛り）
├ **チリパウダー**　小さじ1/2〜適量
└ **黒コショウ（粗挽き）**　小さじ1/2〜の適量
香菜（みじん切り）　大さじ3
トマトペースト　小さじ1
塩　小さじ1/2〜の適量

1. 挽き肉に、すりおろした生姜、ニンニクを加えて混ぜておく。
2. 深型フライパンに油を（あればホールスパイスも）入れて中火で温め、赤玉ネギを入れて（a）、混ぜながら加熱する。
3. 赤玉ネギが茶色くなりはじめたら、Aを順番に加えていく（b〜d）。
4. トマトが崩れ水分が飛んだら、1を加えて（e）よく混ぜる。
5. 続けてBも加えて（f）よく混ぜ、香菜、トマトペースト、塩も加えて（g）混ぜる。
6. 水分が蒸発するまで混ぜながら加熱する。

おいしいメモ
- 挽き肉は豚、牛、合挽き、鶏、ラムのうち好みのものを使う。
- 1でヨーグルトを大さじ1程度加えると、肉がやわらかく仕上がる。
- このレシピでは脂が少なめの挽き肉がよいが、脂が多い挽き肉を使う場合は、盛りつける直前にガラムマサラ小さじ1/2〜1を加えるとよい。
- 2では、あればホールスパイス（乾燥赤唐辛子1本、グリーンカルダモン3個、クローブ3個、シナモンスティック5cm）を加えるとよりおいしい。揃うものだけでもよい。
- 5では、好みでグリーンピース（冷凍）大さじ3を加えてもよい（p.36の写真は加えたもの）。
- 盛りつけるときに、好みで生姜、香菜（各みじん切り）を適量添えてもよい（p.36の写真は添えたもの）。

キーマカレー（ソース）

こちらはソースのあるタイプのキーマカレーです。
本来はソースにとろみを出すため、多量の油とギーを加えて作ります。
ここではヘルシーにするために、できるだけ少ない油で
ソースにとろみがつくような工夫を重ねました。
やっとヘルシーでおいしいレシピができましたのでお試しください。

材料（2〜3人分）🌶🌶🌶🌶

挽き肉（下記メモ参照）　300g
植物油　大さじ1〜2
ホールスパイス（あれば）　下記メモ参照
クミンシード　小さじ1/2
玉ネギ（みじん切り）　中1個分
生姜、ニンニク（各すりおろし）
　　各大さじ1（山盛り）
トマト（粗みじん切り）　中1個分
A
- **コリアンダーパウダー**　小さじ2（山盛り）
- **ターメリック**　小さじ1
- **クミンパウダー**　小さじ1（山盛り）
- **チリパウダー**　小さじ1/2
- **ガラムマサラ**　小さじ1（山盛り）

B
- トマトペースト　大さじ1
- 香菜（みじん切り）　1/2カップ
- ヨーグルト（プレーン）
　　小さじ1（水200mlと混ぜ合わせておく）
- 塩　小さじ1強

1　厚手の鍋に油を（あればホールスパイスも）入れて弱めの中火で温め、クミンシードを入れる（a）。
2　クミンシードのまわりに泡が立ちはじめたら玉ネギを加え、混ぜながら加熱する（b）。
3　玉ネギが色づいたら生姜、ニンニクを加える（c）。
4　ニンニクの香りが立ってきたらトマトを加えて混ぜ（d）、加熱する。
5　トマトが煮崩れて水分が飛んだら、Aを加えて混ぜ（e）、加熱する。
6　スパイスの香りが立ってきたら挽き肉を加えて混ぜ、加熱する。
7　肉の色が変わりはじめたらBを加え（f）、蓋をして弱火でじっくり加熱する。
8　ソースにとろみがついたら塩加減を確認する。

おいしいメモ
- 挽き肉はラム、豚、合挽きのどれでも作れる。
- 挽き肉に生姜、ニンニク（各すりおろし）各大さじ1、ヨーグルト大さじ1、ターメリック小さじ1/4をよく混ぜ、そのまま1〜8時間漬けておくと、よりおいしい。
- 1では、あればホールスパイス（シナモンスティック10cm、グリーンカルダモン5個、クローブ5個、ベイリーフ1枚）を加えるとよい。揃うものだけでもよい。
- 温め直して食べるときには、もう一度ガラムマサラ小さじ1/2程度（分量外）を加えると、香りが引き立つ。
- p.39の写真は、盛りつけるときに赤玉ネギ（薄切り）と香菜（みじん切り）を添えたもの。

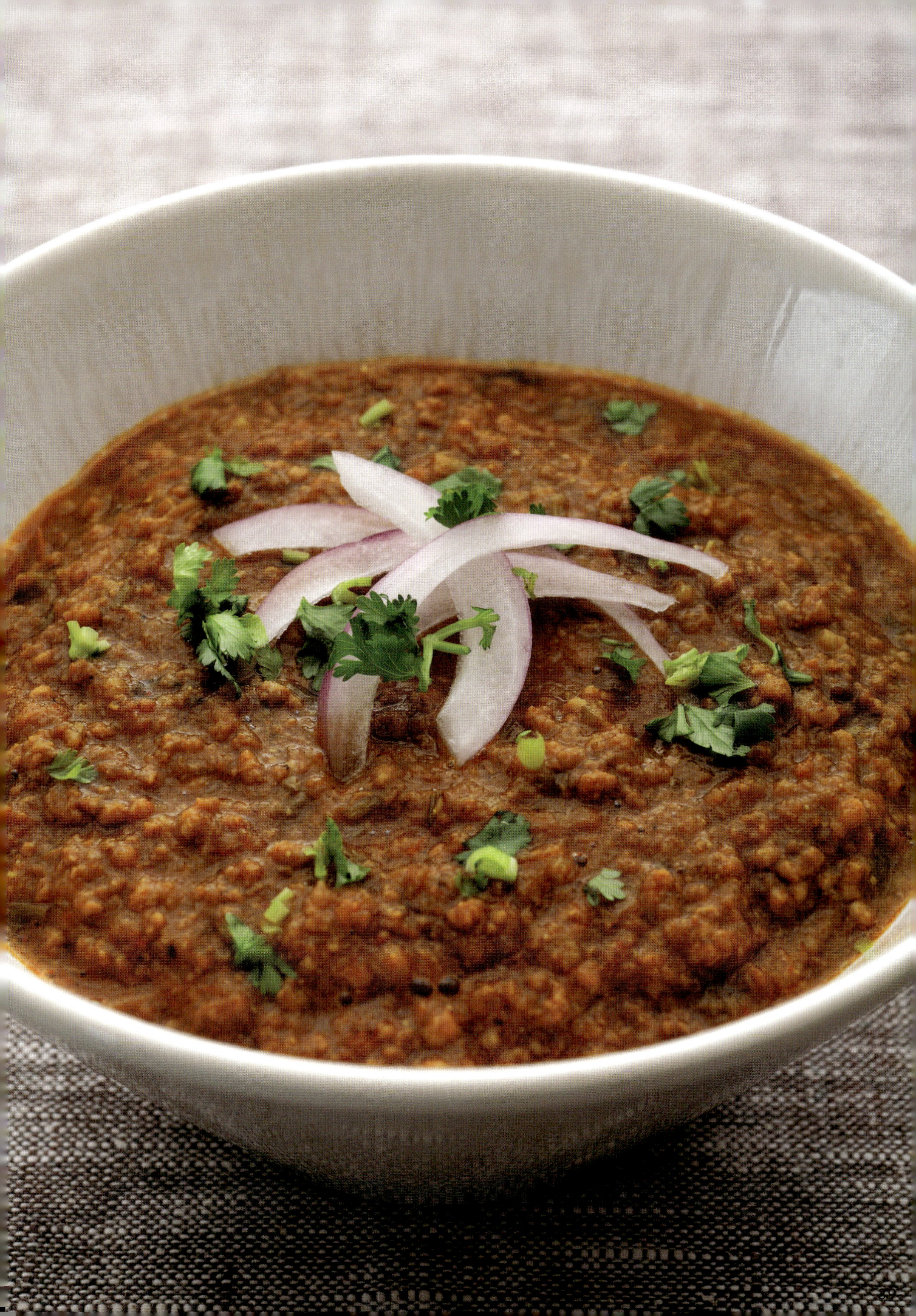

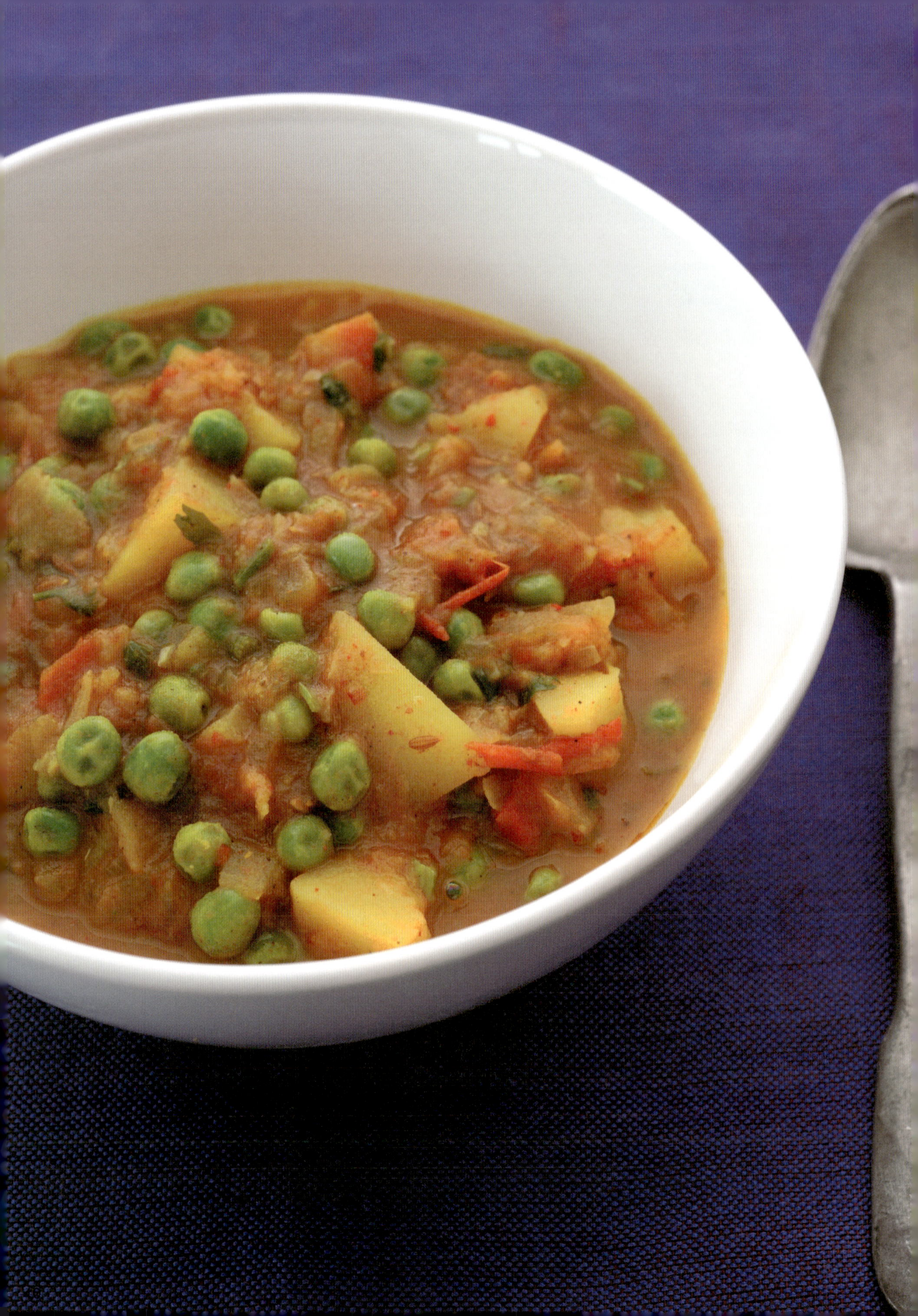

アルーマター

インド料理店でもおなじみの、じゃがいもとグリーンピースの
ベジタリアンカレーです。インド料理の入門として必ず初めに教わる料理です。
グリーンピースは冷凍品でも大丈夫。
忙しい日の時短レシピとしても活躍しますよ。

材料（2〜3人分）🌶🌶🌶
ジャガイモ（中）　2個
グリーンピース　1カップ
植物油　大さじ1
クミンシード　小さじ1/2
玉ネギ（みじん切り）　中1/2個分
生姜、ニンニク（各すりおろし）　各大さじ1
トマト（みじん切り）　大1個分
A
├ **ターメリック**　小さじ1/4強
├ **チリパウダー**　小さじ1/2
└ **ガラムマサラ**　小さじ1
B
├ トマトペースト　小さじ1強
└ 水　1½カップ（300ml）
塩　小さじ1/2強

1 厚手の鍋に油を入れて弱めの中火で温め、クミンシードを入れる。
2 クミンシードのまわりに泡が立ちはじめたら玉ネギを加え、混ぜながら加熱する（a）。
3 玉ネギが透き通ってきたら、生姜、ニンニクを加えてよく混ぜる。
4 ニンニクの香りが立ってきたらトマトを加えて混ぜ、蓋をして加熱する。
5 トマトが崩れたら、Aのスパイス、ジャガイモ、Bの順に加えて混ぜ（b〜d）、蓋をして弱火で加熱する。
6 ジャガイモがやわらかくなったら、ジャガイモを数個フォークでつぶしてから、グリーンピースと塩を加え、ソースにとろみがつくまで煮込む。

おいしいメモ
- 時間のないときは、ジャガイモを軽く下ゆでしておくとよい。
- 5では、コリアンダーパウダー小さじ1を加えてもよい。
- 火を消す直前に、好みで香菜のみじん切り大さじ1、ガラムマサラ小さじ1/4（分量外）を加えて1〜2分加熱してもよい。

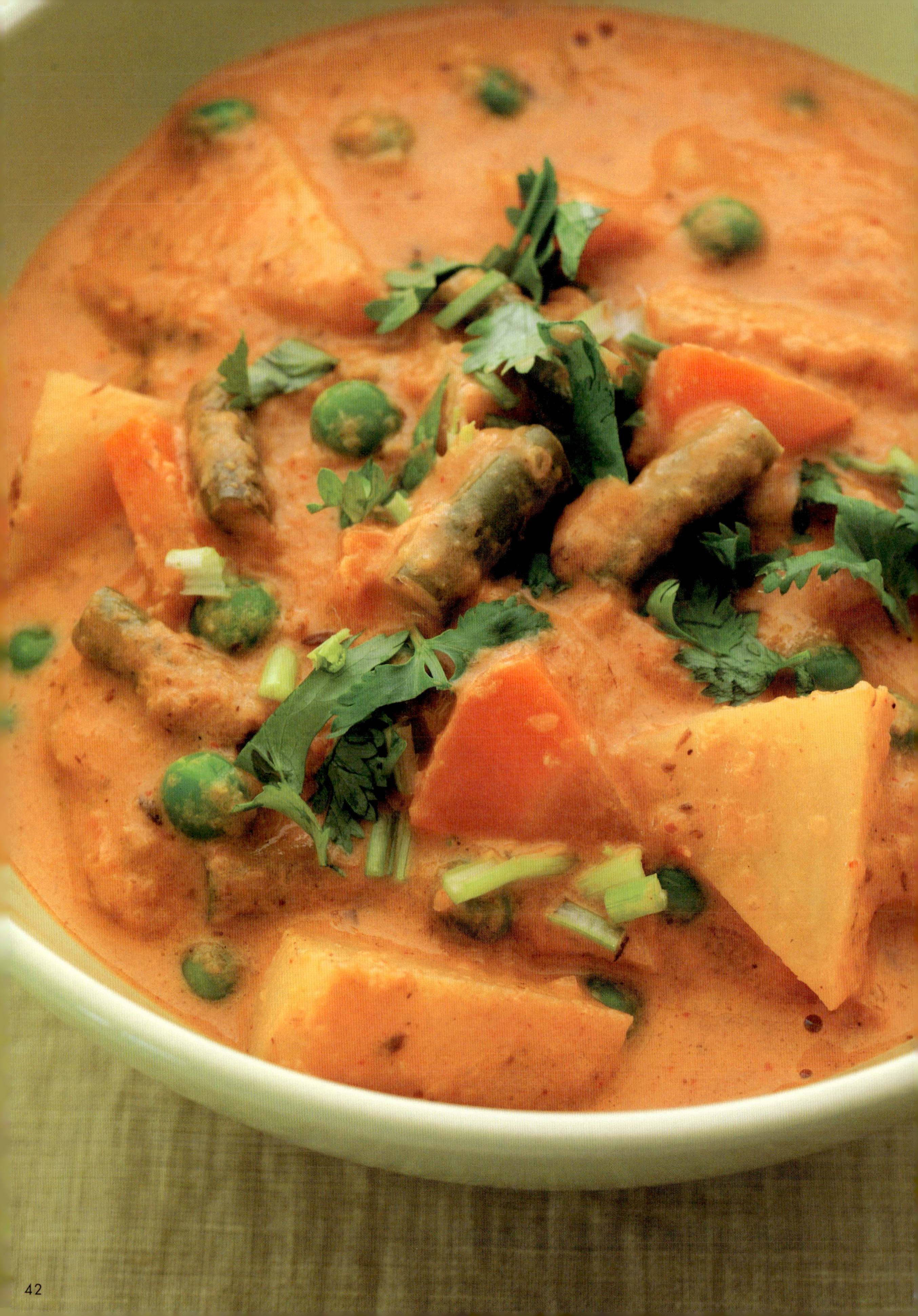

ベジタブルコルマ

野菜をたっぷり使った、マイルドなカレーです。ここではあえて生のトマトを使い、
できる限り少なめにした生クリームとココナッツを加えコクを出しました。
バターや生クリームを多量に使用する本来のものよりヘルシーです。
カリフラワーなどお好みの野菜を使ってバリエーションを楽しんでください。

材料（3～4人分）🌶🌶🌶

- 植物油　大さじ1
- **乾燥赤唐辛子**　1本
- **クローブ**　2～3個
- **クミンシード**　小さじ1
- 玉ネギ（みじん切り）　中1/2個分
- 生姜、ニンニク（各すりおろし）　各大さじ1
- トマト（みじん切り）　大2個分
- **A**
  - **コリアンダーパウダー**　小さじ2
  - **チリパウダー**　小さじ1/2
  - **ガラムマサラ**　小さじ1/2
- トマトペースト　大さじ1
- **B**（食べやすい大きさに切ったもの）
  - インゲン　12本分（約2/3カップ）
  - ニンジン　2/3カップ
  - ジャガイモ　大1個分
- グリーンピース　大さじ3
- 塩　小さじ1/2～の適量
- **C**
  - ココナッツミルク　90ml
  - 生クリーム　90ml

1. 厚手の鍋に油と乾燥赤唐辛子、クローブを入れて、弱めの中火で温める。
2. 赤唐辛子が膨らみはじめたら、クミンシードも加える。
3. クミンシードのまわりに泡が立ちはじめたら玉ネギを加え（a）、混ぜながら加熱する。
4. 玉ネギが茶色くなったら、生姜、ニンニクを加える（b）。
5. ニンニクの香りが立ってきたらトマトを加えて混ぜ（c）、蓋をして加熱する。
6. トマトが崩れたら、Aのスパイスとトマトペーストを加えて（d e）よく混ぜる。
7. トマトが完全に崩れてスパイスがなじんだら、赤唐辛子のみを取り出して火を止め、ブレンダーでなめらかなソースにする（f）。
8. Bの野菜とグリーンピース、塩を加え（g）、蓋をして弱めの中火で加熱する。野菜がやわらかくなったらCを加え（h）、蓋をして弱火で数分加熱する。

おいしいメモ

- 野菜は軽く下ゆでしておくとよい。
- 5では、あれば香菜のみじん切り大さじ2を加えてもよい。
- トマトの水分量が少なく、水分が必要な場合は、水を少量加えてもよい。
- お好みで、仕上げる直前に無塩バターを少量加えてもよい。
- p.42の写真は、盛りつけるときに香菜（みじん切り）を散らしたもの。

ミックスベジタブルカレー

「5つの宝石のカレー」という別名を持つ、
野菜がたっぷり食べられるカレーです。冷蔵庫の中にあるいろいろな野菜で試して、
それぞれのおいしさをお楽しみください。かぼちゃやさつまいものような
甘い野菜を少し加えることが、おいしさのコツです。

材料（3〜4人分）🌶🌶🌶
A（野菜。好みのものでよい）
├ ジャガイモ（小さな一口大に切る）　大1個分
├ カボチャ（一口大に切る）　ジャガイモと同量
├ ニンジン（小さな一口大に切る）　1/3本分
├ インゲン（2cm幅に切る）　10本分
└ ナス（一口大の乱切り）　大1個分
植物油　大さじ1
クミンシード　小さじ1/2
赤玉ネギ（みじん切り）　中1/2個分
生姜、ニンニク（各すりおろし）　各大さじ1
トマト（みじん切り）　大2個分
B
├ **コリアンダーパウダー**　小さじ1強
├ **チリパウダー**　小さじ1/2
└ **ターメリック**　小さじ1/2
C
├ トマトペースト　大さじ1
├ 香菜（みじん切り）　大さじ1
├ 塩　小さじ1/2強
└ ガラムマサラ　小さじ1/4

1　厚手の鍋に油を入れて弱めの中火で温め、クミンシードを入れる。
2　クミンシードのまわりに泡が立ちはじめたら赤玉ネギを加え、混ぜながら加熱する。
3　赤玉ネギが茶色くなりはじめたら、生姜とニンニクを加えて混ぜる。
4　ニンニクの香りが立ってきたらトマトを加え、蓋をして加熱する。
5　トマトが崩れはじめたらBのスパイス、Aの野菜の順に加えて混ぜ、蓋をして加熱する。
6　野菜がやわらかくなりはじめたらCを加え、蓋をして弱火で煮込む。

おいしいメモ
- 1では、あればマスタードシード小さじ1/2を先に加え、はじけはじめたらクミンシードも加え、蓋をして火を弱め、はじける音が静まったら赤玉ネギを加える。

スパイシームングダル（皮つき割り緑豆のダル）

皮つきの割り緑豆をムングダルと呼びますが、これはそのムングダルで作ったダルです。
ダルとは割り豆のことを呼ぶほかに、この割り豆で作ったソースのある料理のことも呼びます。
インドの家庭ではいろいろな豆を使って作り、それぞれのおいしさの違いを
毎日のように楽しみます。このダルは、ナンよりもチャパティやご飯がよく合います。

材料（4～5人分）
ムングダル（皮つき）　1カップ
植物油　大さじ1
ホールスパイス（あれば）　下記メモ参照
クミンシード　小さじ1/4強
玉ネギ（みじん切り）　中1個分
生姜、ニンニク（各すりおろし）　各大さじ1
A
├ **コリアンダーパウダー**　小さじ1（山盛り）
├ **ターメリック**　小さじ1/2
├ **チリパウダー**　小さじ1/2
├ トマトペースト　小さじ1強
├ 香菜（みじん切り）　大さじ1（山盛り）
└ 塩　小さじ1強
ヨーグルト（プレーン）　大さじ2

1. ムングダルは軽く水で洗ってから、水に2～3時間ほど浸けておく（a）。
2. 1のムングダルの水気を切り、皮も含めて鍋に移し、水800mlとターメリック小さじ1/4（分量外）を加えて弱めの中火で加熱する。
3. 沸騰したら火を少し弱め、蓋をして豆がやわらかくなるまで煮る。煮上がった豆はそのままおいておく。
4. 別鍋に油を（あればホールスパイスも）入れて弱めの中火で温め、クミンシードを入れる。
5. クミンシードのまわりに泡が立ちはじめたら玉ネギを加え、混ぜながら加熱する。
6. 玉ネギが透き通ってきたら生姜とニンニクを加え、混ぜながら加熱する。
7. ニンニクの香りが立ってきたら3の豆を煮汁ごと加え、Aも加え、蓋をして弱火で10分加熱する。
8. 火を止め、ブレンダーでなめらかにし、ヨーグルトを加えて混ぜ、塩加減を確認する。

おいしいメモ
- あれば4で、ホールスパイス（シナモンスティック3cm×2、クローブ3個）も加えるとよい。
- 5では、青唐辛子（縦に切り込みを入れる）1本、カレーリーフ（生）6枚を加えるとよりおいしくなる。
- 盛りつけるときに、適量の玉ネギ（赤玉ネギ）、生姜、香菜のみじん切りを添えてもよい（写真は添えたもの）。
- 時間のあるときには、皮のついた丸ごとの緑豆（8時間ほど水に浸ける）を使うとよりおいしくなる。皮をむいた緑豆はこのレシピにはむかない。

ダルタルカ

豆を使って作るダルにはいろいろな種類がありますが、
これはやさしい味でどなたにも食べやすいダルです。地域によって作り方は
さまざまですが、いずれも煮上げた豆に、油で温めたスパイスをジュッとかけます。
こうすることで、味も香りもぐっと引き立ちます。

材料（4〜5人分）

豆（マスールダルまたはツールダル）
　　1カップ（200ml）
植物油　大さじ1
ホールスパイスA（あれば）　下記メモ参照
　クミンシード　小さじ1/2
B
├ 生姜、ニンニク（各すりおろし）　各大さじ1
└ 赤玉ネギ（みじん切り）　中1/4個分
トマト（みじん切り）　中1個分
C
├ **ターメリック　小さじ1/2**
├ **コリアンダーパウダー　小さじ2（山盛り）**
├ **チリパウダー　小さじ1/2**
├ トマトペースト　小さじ1
├ レモン果汁　小さじ2
└ 砂糖　小さじ1/4
D（テンパリング用）
├ **シナモンスティック　3cm**
├ **乾燥赤唐辛子　1本**
├ **クローブ　2個**
├ **カレーリーフ**（生）　3枚
├ **マスタードシード　小さじ1/2**
└ ＊揃うものだけでもよい。

1　豆は水で洗ってから、水に30分〜1時間ほど浸けておく。
2　1の豆の水気を切って鍋に入れ、水800mlとターメリック小さじ1/4（ともに分量外）を加え、蓋をして弱めの中火でやわらかくなるまで煮る（a）。
3　別鍋に油を（あればホールスパイスAも）入れて弱めの中火で温め（b）、クミンシードを入れる。
4　クミンシードのまわりに泡が立ちはじめたらBを加えて混ぜ（c）、弱めの中火で加熱する。
5　玉ネギが透き通ってきたらトマトも加えて混ぜ（d）、加熱する。
6　トマトが崩れはじめたらCを加えて（e）よく混ぜ、加熱する。
7　2の豆を煮汁ごと加え（f）、蓋をして弱火で加熱する。
8　豆がとろけるようにやわらかくなったら火を止め、ブレンダーにかける。
9　別の小鍋で油大さじ1（分量外）とマスタードシード以外のDを合わせて温め、マスタードシードも加える。
10　マスタードシードがはじけはじめたら、蓋をして火を弱め、はじける音が静まったら、8に油ごと加える（g。テンパリング）。

おいしいメモ
- 3では、あればホールスパイスA（シナモンスティック3cm×2、乾燥赤唐辛子1本、クローブ2個）を加える。揃うものだけでもよい。
- 8ではブレンダーでなめらかなソースにするが、好みで豆の形状を少し残してもよい。

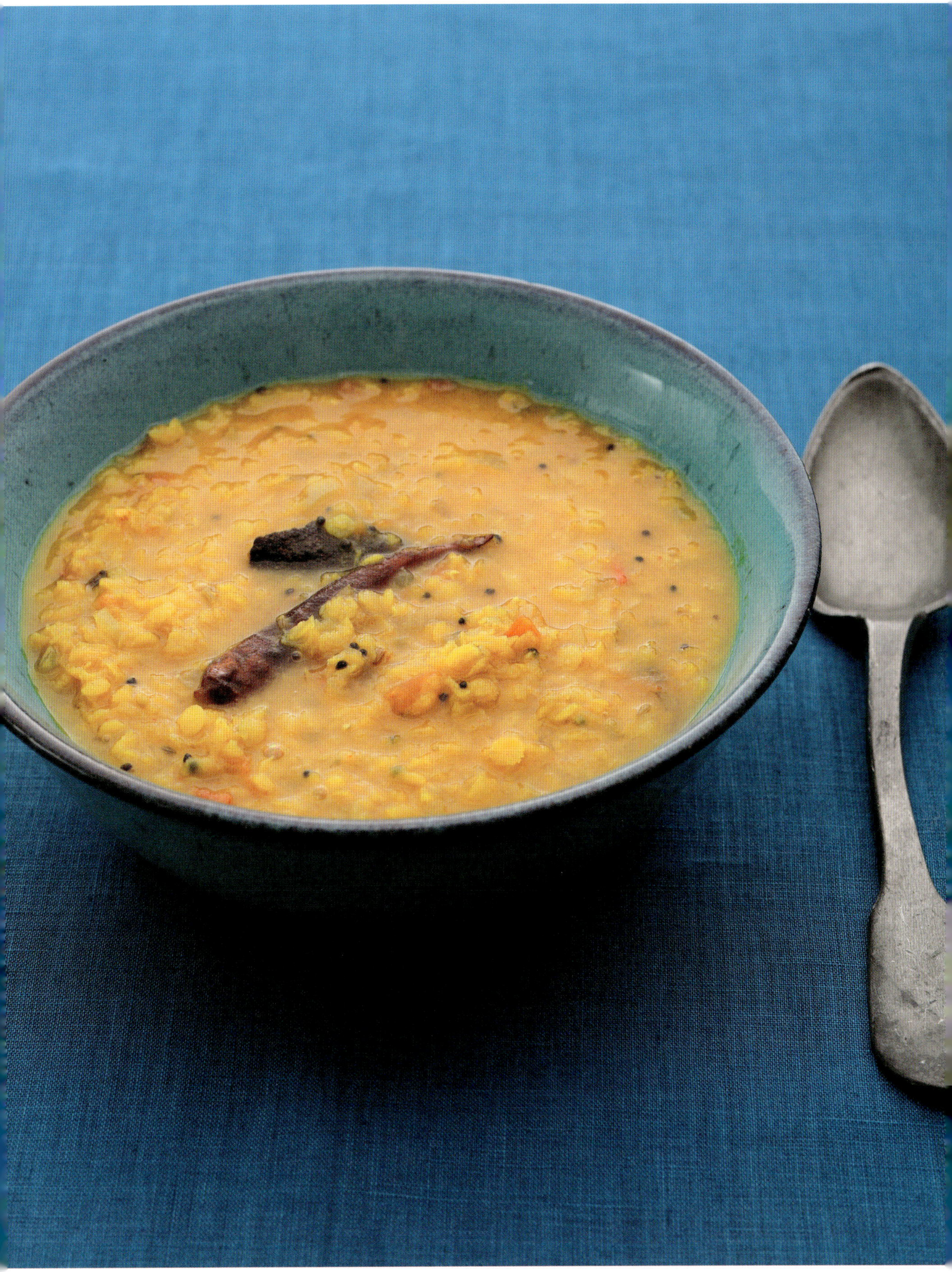

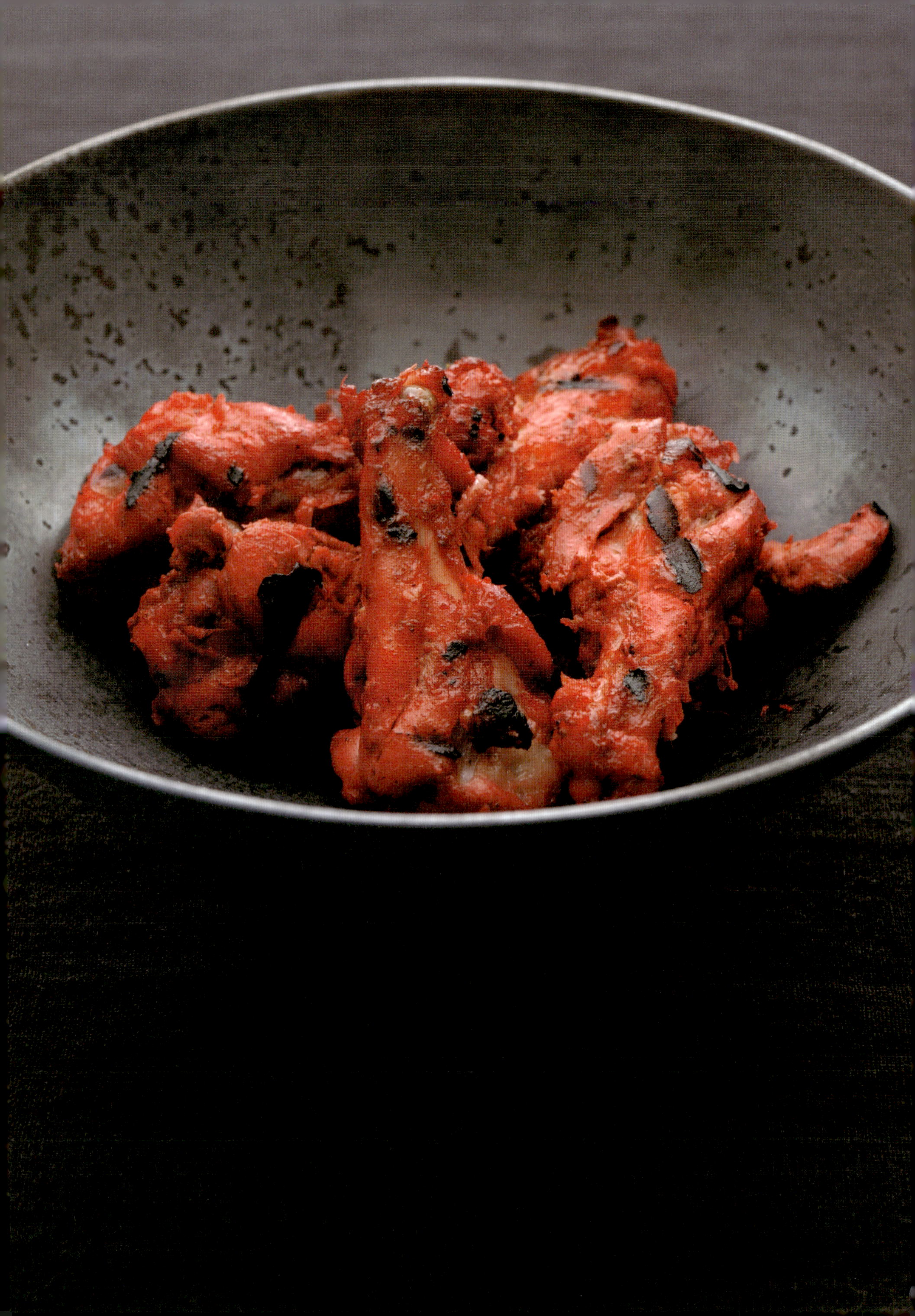

{ スナック & おかず }

タンドリーチキン

おなじみのタンドリーチキンです。タンドリーチキンの赤い色は、
大量のチリパウダーとパプリカパウダーから。
本来は辛みの少ないマイルドなカシミールチリを使うのですが、
日本では手に入りにくいため、食紅で色を添えることもあります。
このレシピで食紅を使うか否かはお好みで。
いずれもおいしいタンドリーチキンに仕上がります。

材料（2〜3人分）🌶🌶
鶏肉（手羽元）　大6本
酢　大さじ1
生姜、ニンニク（各すりおろし）　各大さじ1
A
├ ヨーグルト（プレーン。水切りしたもの）　大さじ3
├ **ガラムマサラ**　小さじ1
├ **クミンパウダー**　小さじ1/2
├ **シナモンパウダー**　小さじ1/2
├ **チリパウダー**　小さじ1/2〜1
└ **パプリカパウダー**　小さじ1

1　鶏肉は皮をむき（a b）、酢を刷毛で塗り、生姜、
　　ニンニクを加えて混ぜておく。
2　Aをよく混ぜ合わせておく。
3　2に1をすべて入れて混ぜ、冷蔵庫で6〜8時
　　間以上漬けておく（c）。
4　鶏肉を常温に戻し、漬け汁をよく取り除き、フ
　　ライパンかグリルパンで焼く。

おいしいメモ
- ヨーグルトは、ザルにキッチンペーパーを敷いたものに
  あけ、水分を切ったものを使うとよい。
- 食紅で色を添えたいときには、Aの材料に食紅を加えて
  もよい（食紅の量はゴマ粒大程度）。
- 焼き上がる直前に、ギーまたは溶かし無塩バター大さじ
  1（分量外）を刷毛で塗りながら焼くとよりおいしい。

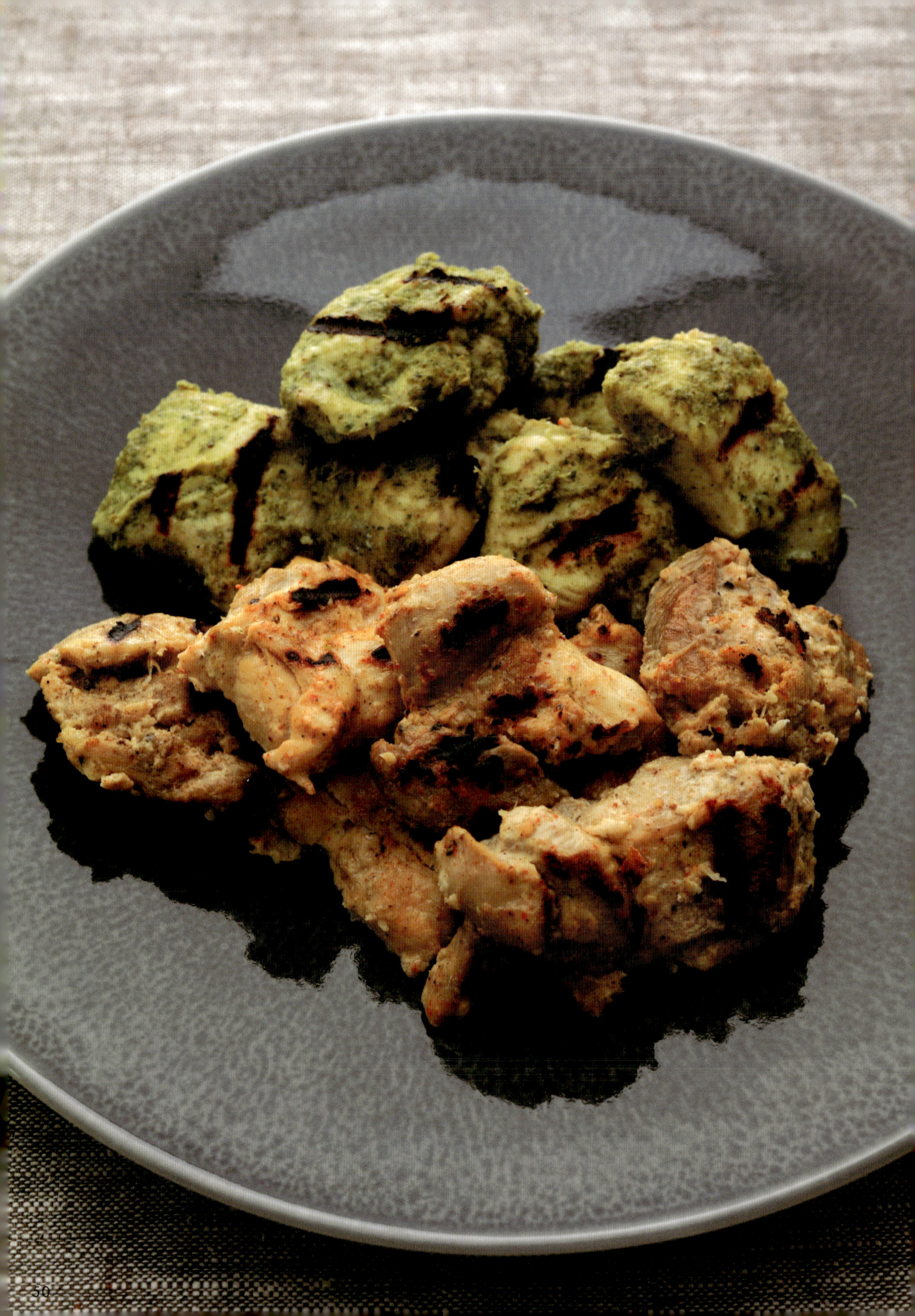

緑のチキンティッカ

香菜をたっぷり使ったチキンティッカです。タンドリーチキンとはまた違った爽やかなおいしさをお楽しみください。ティッカとは小さな肉片を指し、基本的には骨のない鶏肉で作ります。本来は金串に刺してタンドール釜で焼きますが、ここではフライパンやグリルパンでも焼けるように工夫しました。

材料（2～3人分）

鶏胸肉（皮なし）　300g

A
- レモン果汁　小さじ1
- 生姜、ニンニク（各すりおろし）　各大さじ1

ヨーグルト（プレーン。水切りしたもの）　大さじ4

B
- 香菜（ざく切り）　60g
- **コリアンダーパウダー**　大さじ1
- **ガラムマサラ**　小さじ1
- 青唐辛子（ヘタと種を除く）　1本
- 生姜、ニンニク（それぞれ皮をむき、適宜に切る）　各大さじ1（山盛り）
- 塩　小さじ1
- 植物油　大さじ1
- レモン果汁　小さじ1

1. 鶏肉は唐揚げサイズに切り、Aを順に加えて混ぜておく（a）。
2. Bの材料をブレンダーでペーストにする。
3. 2のペーストにヨーグルトを混ぜる。
4. 3に1の鶏肉のみを合わせ、冷蔵庫で3時間からできれば1日ほど漬ける（b）。
5. 鶏肉を常温に戻し、フライパンまたはグリルパンで、焦げ目をつけながら焼く。

おいしいメモ
- ヨーグルトは、ザルにキッチンペーパーを敷いたものにあけ、水分を切ったものを使うとよい。
- 焼き上がる直前に、ギーまたは溶かし無塩バター大さじ1（分量外）を刷毛で塗りながら焼くとよりおいしい。

白いチキンティッカ

辛みの少ないまろやかな鶏肉の焼き物です。こちらも、フライパンやグリルパンで簡単に焼くことができます。バーベキューのときに炭火で焼けば、よりおいしく召し上がれます。漬け込んでおけばあとは焼くだけなので、お客様がみえるときのパーティーメニューとしても活躍しますよ。

材料（2～3人分）

鶏胸肉（皮なし）　300g

A
- レモン果汁　小さじ1
- 生姜、ニンニク（各すりおろし）　各大さじ1
- **チリパウダー**　小さじ1/4～1/2

B
- ヨーグルト（プレーン。水切りしたもの）　大さじ6
- 生クリーム　大さじ2
- ディジョンマスタード（粒なし）　小さじ1/2
- 黒コショウ（粗挽き）　小さじ1/4
- **コリアンダーパウダー**　大さじ1
- **ガラムマサラ**　小さじ1
- 塩　小さじ1弱

1. 鶏肉は唐揚げサイズに切り、Aを順に加えて混ぜておく（a）。
2. Bの材料をスプーンで混ぜておく。
3. 2に1のすべてを合わせ、冷蔵庫で3時間からできれば1日ほど漬ける（b）。
4. 鶏肉を常温に戻し、フライパンまたはグリルパンで、焦げ目をつけながら焼く。

おいしいメモ
- あればBに、クミンパウダー小さじ1/2を加えるとよい。
- ディジョンマスタード（粒なし）がない場合は、抜かしてよい。普通のマスタードや和ガラシに変更は不可。
- 焼き上がる直前に、ギーまたは溶かし無塩バター大さじ1（分量外）を刷毛で塗りながら焼くとよりおいしい。

ヘルシーチキン65

チキン65には、おもしろいストーリーがあります。50年ほど前に
あるホテルのレストランの料理が大ヒット。そのメニューの番号が65番だったとか。
このチキン65はまるで噂話のように広まり、そのおかげで作り方や味にも
多少のずれがあります。私のチキン65は鶏のささみを使ってヘルシーに仕上げたもの。
おつまみとしてだけでなく、ご飯が進むおかずにもなります。

材料（2〜3人分）🌶🌶🌶

- 鶏ササミ（大きめの一口大に切る）　300g
- 溶き卵　小1個分
- 片栗粉　大さじ4

A
- 植物油　大さじ1
- 生姜、ニンニク（各すりおろし）　各大さじ1
- 青唐辛子（3〜4等分に輪切り）　4本分

B
- トマトペースト　大さじ2
- **チリパウダー**　小さじ1
- **ガラムマサラ**　小さじ1
- **クミンパウダー**　小さじ2
- 黒コショウ（粗挽き）　小さじ1/4弱
- 塩　小さじ1/2〜の適量

香菜（みじん切り）　大さじ1（山盛り）

作り方

1. Bに水大さじ3強を加えて混ぜ合わせておく（a b）。
2. 鶏ササミは溶き卵と片栗粉を加え、手でよく混ぜる（c）。
3. 深型フライパンに油（分量外）を多めに入れて熱し、2のササミを入れて揚げ焼きにする（d）。フライパンから取り出し、キッチンペーパーで余分な油を除いておく。
4. 3のフライパンの油を除き、Aを入れて中火で温める。
5. ニンニクの香りが立ってきたら1を加えてよく混ぜ（e）、続けて3のササミも加えてソースを絡ませ（f）、香菜を加えて混ぜる。

おいしいメモ

- 5の仕上げにテンパリングをして加えるとよりおいしい（テンパリングp.94参照：植物油大さじ1、マスタードシード小さじ1/2、ヒング小さじ1/4、カレーリーフ〈生〉8枚。写真はテンパリングをしたもの）。スパイスは揃うものだけでもよい。

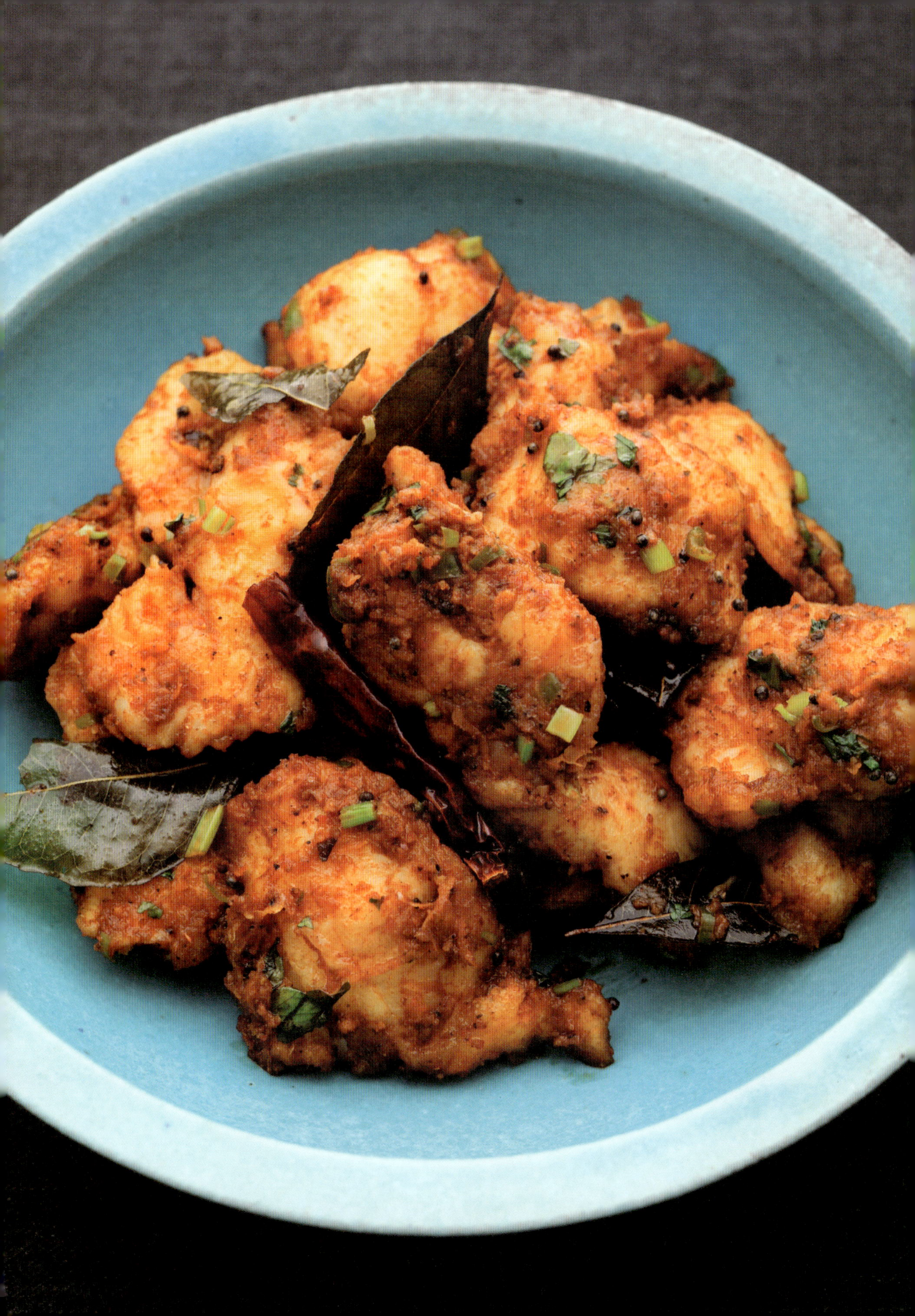

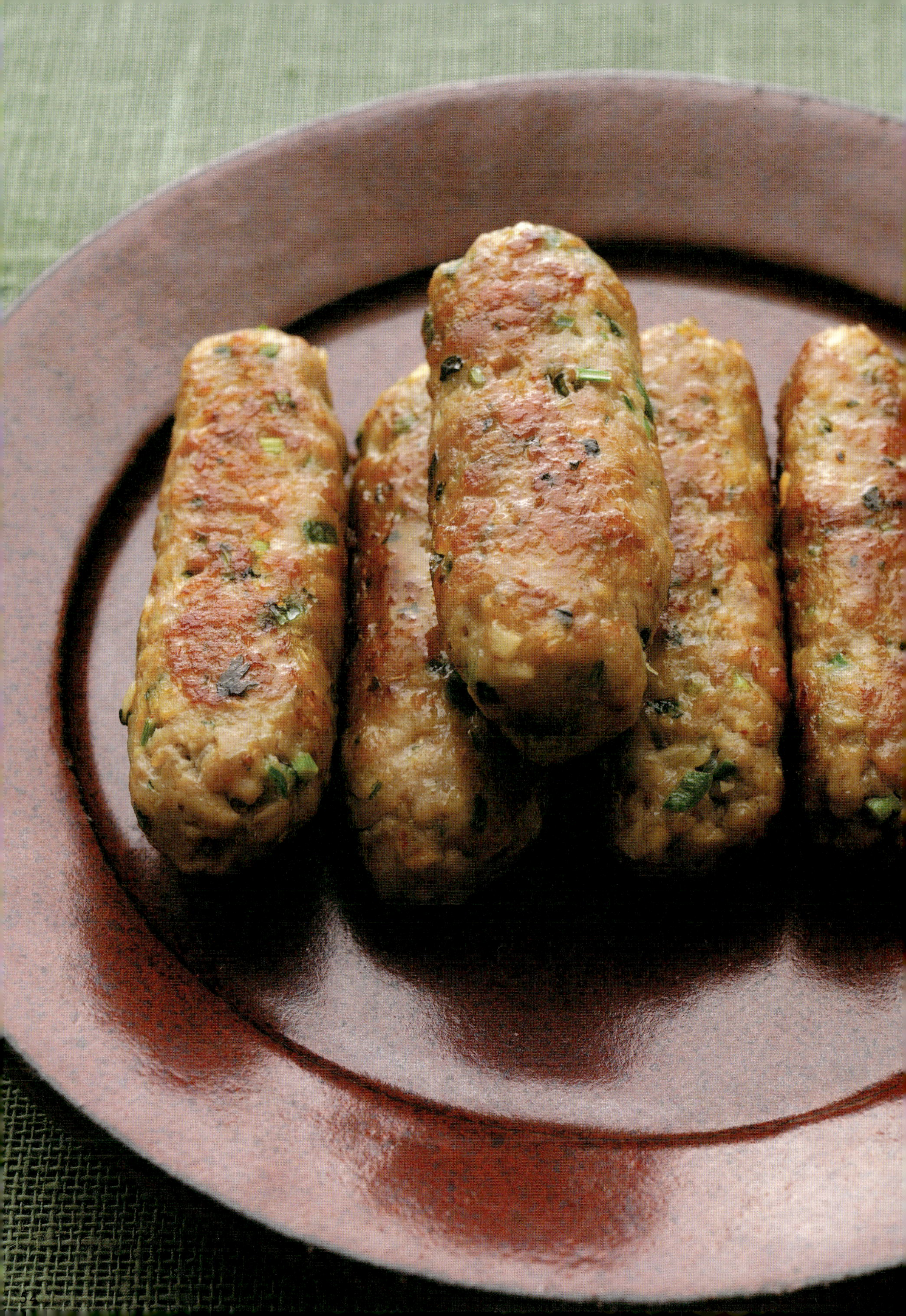

鶏挽き肉のケバブ

ケバブは中東の肉や魚、野菜などを金串に刺して炭火で焼いたり
ローストした料理がはじまりで、それがインドにも渡ってきたといわれています。
インド料理のケバブは豊富に加えたスパイスが特徴で、さまざまな種類があります。
挽き肉のケバブはシャミケバブと呼ばれ、一般的にラム肉で作ることが
多いのですが、ここではヘルシーに鶏挽き肉で作りました。

材料（3〜4人分）
鶏挽き肉（モモ肉のもの）　300g
青唐辛子（ヘタと種を除き、みじん切り）　3本分
生姜、ニンニク（各みじん切り）
　各大さじ1（山盛り。約12g）
コリアンダーパウダー　小さじ1（山盛り）
クミンパウダー　小さじ1/2
チリパウダー　小さじ1/4
香菜（みじん切り）　大さじ2（山盛り）
塩　小さじ1/2強
片栗粉　小さじ1

1　ボウルに鶏挽き肉を入れ、他の材料もすべて加える（a）。
2　手で混ぜながらこねていく（b）。
3　鶏の脂が溶けてねっとりとしたら、手のひらと指先で細長く成形する。
4　両手のひらを使って、表面がなめらかになるようにする（c）。
5　4を熱したフライパンに入れ、転がしながらキツネ色になるまで焼く。

おいしいメモ
- ひよこ豆の粉があれば、片栗粉の代わりに小さじ2を加えるとよい。
- 時間のあるときには、成形前のタネを冷蔵庫で30分〜1日ほどねかせるとよりおいしくなる。焼く前には常温に戻す。
- 好みでミントチャツネ（p.67参照）をつけて食べてもよい。

シークケバブ

挽き肉にスパイスを加えて作るシークケバブは、パキスタン料理から始まりました。串に刺した挽き肉をタンドール釜で焼くので、レストランではタンドリーチキンとともに盛られてくることがよくあります。ここでは家庭でも簡単に作れるよう、フライパン、オーブン、オーブントースターなど、お好みの方法で焼いて仕上げられるよう工夫しました。

材料（6本分）🌶🌶
合挽き肉　420g
A
├ 生姜、ニンニク（各すりおろし）　各大さじ1
├ **クミンパウダー**　小さじ2（山盛り）
├ **パプリカパウダー**　小さじ2（山盛り）
├ **ガラムマサラ**　小さじ1
└ 塩　小さじ1/2強
B
├ 青唐辛子（ヘタと種を除き、みじん切り）　6本分
├ 赤玉ネギ（みじん切り）　大さじ6
└ 香菜（みじん切り）　大さじ6
溶かしバター（無塩）またはギー　大さじ1

1　合挽き肉にAを加え、手でよく混ぜておく。
2　1にBを加え、粘りが出るまでよくもみ込む（a）。
3　2を6等分にして、金串につけていく（b）。
4　3を熱したフライパンに入れて転がしながら焼き、焦げ色がつきはじめたら溶かしバターを塗る。

　おいしいメモ
- Aにコリアンダーパウダー小さじ1/2、チリパウダー小さじ1/4程度の適量を加えてもよい。
- 2では、マンゴーパウダー小さじ1/4またはレモン果汁小さじ1を加えてもよい。
- 時間のあるときには、成形前のタネを冷蔵庫で30分〜1日ほどねかせるとよりおいしくなる。焼く前には常温に戻す。
- オーブンで焼く場合は、210℃で10分ほど予熱した後15分ほど焼き、途中で溶かしバターを数回塗る。
- オーブントースターで焼く場合は、肉が白くなるまでアルミホイルをかけて焼き、その後アルミホイルをはずし、溶かしバターを塗りながらこんがりと焼き色をつける。
- お好みで、ミントチャツネ（p.67参照）をつけて食べてもよい。

a　　　b

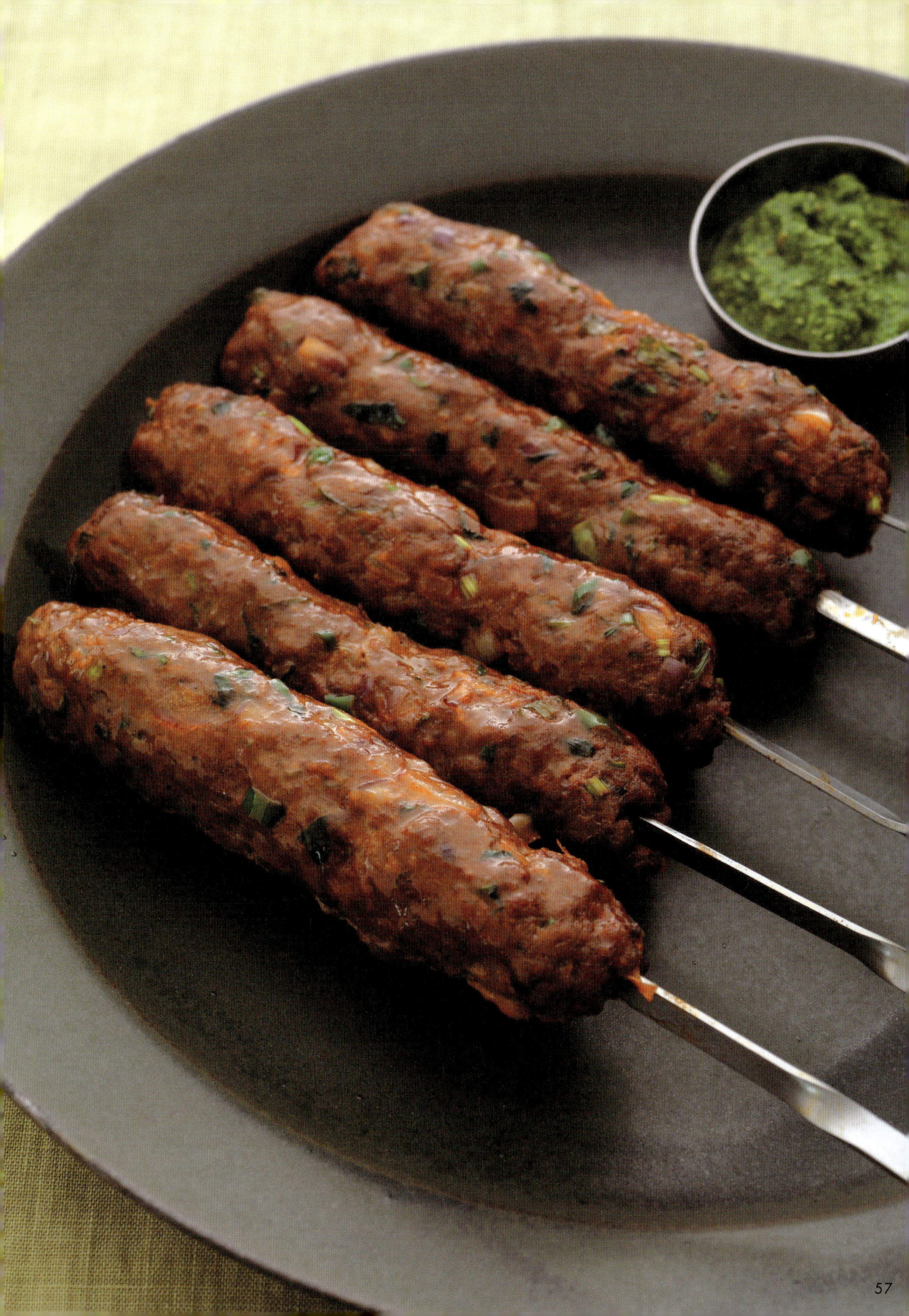

えびのスパイスマサラ

えびにスパイスペーストを塗って、フライパンで焼いたものです。
スパイスペーストさえ作っておけば、あとは塗って焼くだけ。
こんなに簡単なのに、おもてなし料理としても喜ばれます。
えびの他、帆立貝、鱈などいろいろなシーフードでも作れます。

材料（3～4人分）
エビ（中） 15尾
A
- **ターメリック** 小さじ1/2
- **チリパウダー** 小さじ1/2
- 塩 小さじ1/2
- 生姜、ニンニク（各すりおろし） 各小さじ1
- 青唐辛子（ヘタと種を除き、みじん切り） 1本分

レモン果汁 大さじ1
植物油 大さじ1＋大さじ1

1. エビは尾を残して殻をむき、背に切り込みを入れて背開きにする。
2. 器にAを入れ、レモン果汁を加えて混ぜてから（a）、油も大さじ1加えて混ぜる（b）。
3. エビの開いた部分に2を適量塗る（c）。
4. フライパンに大さじ1の油を入れて火にかけ、温まったら3のエビを腹から焼きはじめる（d）。
5. フライ返しで数秒押さえ、エビが丸まるのを防ぐ。
6. エビの縁が白くなったら裏返し、フライ返しで数秒押さえる。
7. レモン（分量外）を添えて盛りつける。食べる直前にレモンを絞りかける。

おいしいメモ
- 焼き上がったエビを皿に並べ、テンパリングをしてもおいしい（テンパリングp.94参照：植物油大さじ1、カレーリーフ〈生〉6枚、マスタードシード小さじ1/2）。

a　b　c　d

鱈のスパイス焼き

主人から教えてもらった料理ですが、簡単で誰にでも好まれる味なのでご紹介します。鱈にスパイスを絡めて焼くだけで、鱈の旨みが増す感じがしてとてもおいしくいただけます。鱈は生で、身が厚いものを選ぶようにしてください。

材料（2～3人分）
タラ（生。切り身）　大3枚
生姜、ニンニク（各すりおろし）　各小さじ2
ターメリック　小さじ1/4
A
├ **クミンパウダー**　小さじ1/4
├ 黒コショウ（粗挽き）　好みの量
├ 塩　小さじ1/2
└ 小麦粉　小さじ1½
植物油　大さじ2
マスタードシード　小さじ1
バター（無塩）またはギー　10g

1　タラは3～4等分に切り、生姜とニンニクを混ぜたものを塗る（a）。
2　続けてターメリックもかけ、よく混ぜてから5分ほどおいておく（b）。
3　Aを順に2のタラにふりかけ、よくまぶしておく。
4　フライパンに油を入れて弱めの中火で温め、マスタードシードを入れる。
5　マスタードシードがはじけはじめたら、蓋をして火を弱める。
6　はじける音が静まったら蓋を取り、火を弱めの中火にし、3のタラをのせていく（c）。
7　途中フライパンをときどき傾け、スプーンでまわりの油をすくいながらタラにかける。
8　裏返してからバターを加え、7と同様にして焼き上げる。

おいしいメモ
- あれば4で、カレーリーフ（生）6枚ほどを、マスタードシードとともに加えるとよりおいしい（写真は加えたもの）。

ヘルシーサモサ

薄くてさっくりとした軽いサモサの皮を作るには、多量の油やショートニングを生地に加えなければなりません。そこでわが家では、便利な春巻きの皮を使ってサモサを作ります。おいしいヘルシーサモサが簡単にでき上がります。またこの方法で作ったサモサなら、冷凍しておいても手軽に食べる分だけ揚げられます。どちらのサモサも、ケチャップまたはp.67のミントチャツネをつけて食べてもおいしいですよ。

ヘルシーサモサ

材料（作りやすい量）
春巻きの皮（大判） 1袋
具
├ サモサ用キーマ、またはサモサ用
│　ポテト（各下記参照） 適量
A
├ 小麦粉　小さじ1
└ 水　小さじ1
揚げ油（植物油） 適量

1　Aを混ぜ、糊を作っておく。
2　春巻きの皮を1枚はがし、半分に切る。
3　2を台の上に縦長におき、下から1/3を折り曲げる。
4　折り曲げた部分に、具を大さじ1強のせて押し固める（a）。
5　具と具の下にある皮を一緒に巻き込んだら、左右の端を内側に折り曲げる（b）。
6　再び巻き込むようにして巻き、端を1の糊でとめる（c）。
7　180℃に熱した油で、キツネ色になるまでカラリと揚げる。

サモサ用キーマ（挽き肉）

材料（作りやすい量）🌶🌶
合挽き肉　200g
A
├ 生姜、ニンニク（各すりおろし）
│　各大さじ1
植物油　大さじ1
玉ネギ（みじん切り）　小1/2個分

B
├ 生姜（みじん切り）　大さじ2
└ 青唐辛子（みじん切り）　2本分
C
├ コリアンダーパウダー
│　　小さじ2（山盛り）
├ クミンパウダー
│　　小さじ1（山盛り）
├ ターミリック　小さじ1/2
├ チリパウダー　小さじ1/2
└ ガラムマサラ　小さじ1/2
D
├ 香菜（みじん切り）
│　　大さじ1（山盛り）
└ 塩　小さじ1/2〜の適量

1　合挽き肉にAを混ぜておく。
2　フライパンに油を入れて中火で温め、玉ネギを入れ、混ぜながら加熱する。
3　玉ネギがやわらかくなったら、Bを加えて加熱する。
4　生姜の香りが立ってきたら、1を加えてよく混ぜる。
5　挽き肉が白っぽくなったら、Cを加えてよく混ぜる。
6　Dも加えて混ぜ、肉に火が通るまで混ぜながら加熱する。

おいしいメモ
- 2では、あれば乾燥赤唐辛子1本、シナモンスティック2.5cm、クローブ3個を油と同時に加えるとよりおいしくなる（包むときに取り除く）。
- 塩加減は挽き肉の脂の量により微妙に異なるが、サモサ用なので、好みの味より少し濃いめにするとよい。

サモサ用ポテト

材料（作りやすい量）🌶
ジャガイモ（中）　2個（約300g）
植物油　大さじ1
クミンシード　小さじ1/2
生姜（みじん切り）
　　大さじ2（山盛り）
青唐辛子（みじん切り）　1本分
A
├ コリアンダーパウダー
│　　小さじ1（山盛り）
├ ターミリック　小さじ1/4
└ チリパウダー　小さじ1/4
B
├ 香菜（みじん切り）
│　　大さじ1（山盛り）
└ 塩　小さじ1/2〜の適量
レモン果汁　大さじ1

1　ジャガイモは皮つきのままゆでて皮をむき、小さめの一口大に切っておく。
2　フライパンに油を入れて弱めの中火で少し温め、クミンシードを入れる。
3　クミンシードのまわりに泡が立ちはじめたら、生姜、青唐辛子を加えて加熱する。
4　生姜の香りが立ってきたら、Aを加えて混ぜる。
5　スパイスの香りがしてきたら、1のジャガイモを加え、Bも加える。
6　ジャガイモを軽くつぶしながらスパイスと塩をなじませ、レモン果汁も加えてよく混ぜる。

おいしいメモ
- サモサ用なので、塩加減は好みの味より少し濃いめにするとよい。

じゃがいものスパイス揚げ（バジャ）

サクサクした食感とスパイスの香りがおいしい野菜の天ぷら、バジャです。本来バジャはひよこ豆の粉で作り、軽い食感を出すためショートニングや多量の油を衣に加えます。ある日、おいしさはそのままにヘルシーにするため天ぷら粉で作ってみたところ、軽くてとてもおいしかったので、以来この方法で作ることが多くなりました。バジャ用チャツネとともにお召し上がりください。

材料（3～4人分）
- ジャガイモ（中）　2個
- 天ぷら粉（市販）　1½カップ（約170g）
- A
  - ターメリック　小さじ1
  - 塩　小さじ1/2
  - 砂糖　小さじ1/4強
- 水　210ml
- B
  - レモン果汁　大さじ1½
  - ニンニク（すりおろし）　大さじ1
  - 青唐辛子（ヘタと種を除き、みじん切り）　2～4本分
  - 香菜（みじん切り）　大さじ6（約30g）
- 揚げ油（植物油）　適量

1. ジャガイモはよく洗ってから、皮つきのまま3mm程度の厚さの輪切りにする。
2. ボウルに天ぷら粉とAを入れ、よく混ぜる。
3. 2に分量の水を加えてよく混ぜてからBを加えてよく混ぜ、衣を作る（a）。
4. 1のジャガイモを1枚ずつ3の衣にくぐらせ（b）、180℃に熱した油で揚げる。

おいしいメモ
- Aに好みでコリアンダーパウダー小さじ2、チリパウダー小さじ1/2を加えてもよい。
- そのまま食べる場合には、塩とチリパウダーをかけてもよい。
- ジャガイモ以外にもサツマイモ、カボチャ、シシトウ、ナス、レンコンなどいろいろな野菜で楽しめる。

バジャ用チャツネ

このチャツネは、大根おろしを添えた天ぷらのつゆと考えていただければわかりやすいと思います。野菜たっぷりでレモンの酸味が爽やかで、おいしいですよ。

材料（3～4人分）
- キュウリ　1/2本（約50g）
- トマト（中）　1/4個（約50g）
- ニンジン（小）　1/4本（35g）
- ニンニク（小）　1/2カケ
- 青唐辛子（ヘタと種を除く）　2本
- 香菜（みじん切り）　小さじ2
- レモン果汁　大さじ1½
- 砂糖　少量
- 塩　小さじ1/4～1/2

1. 野菜はブレンダーにかけやすいように、適当な大きさに切っておく。
2. すべての材料を合わせてブレンダーにかける。

マサラパパダム

パパダムはおつまみや食前につまむ塩味のスナックです。かつては各家庭でも、挽いた豆に塩とスパイスを加え薄く伸ばして乾かし、手作りをしていたそうです。通常は揚げたりあぶったりしてから、チャツネやピクルスをつけてつまみます。ここではこのパパダムに野菜とスパイスをのせたマサラパパダムをご紹介します。

材料（パパダム1枚分）
パパダム（a）　1枚

A
- 玉ネギ（みじん切り）　大さじ1（山盛り）
- ミニトマト（種を除き小さく切る）　2個分
- 香菜（みじん切り）　大さじ1

B
- **コリアンダーパウダー**　ひとつまみ
- **チリパウダー**　ひとつまみ

1　パパダムは、油（分量外）で揚げるか直火であぶる、または電子レンジで加熱しておく（p.17参照）。
2　1のパパダムの上に、Aを順にのせる。
3　Bのスパイスをふりかける。

おいしいメモ
- お好みで、青唐辛子1～2本（辛さにより調整）のヘタと種を取り、みじん切りにしたものをのせてもよい。
- スパイスをかけた後に、あればマンゴーパウダーまたはチャットマサラをひとつまみ、またはレモン果汁をごく少量ふりかけてもよい。
  チャットマサラ：マンゴーパウダーに数種のスパイスを加えたミックススパイス。野菜やスナックなどに少量ふりかけて使用する。

a

{ サラダ }

キャベツのサラダ

キャベツと冷蔵庫にある他の野菜を組み合わせてスパイスで和えれば、
カレーによく合うサラダができ上がります。もともとインドでは生の野菜はライタに
入れるくらいで、どちらかというと調理して使うことが多いのですが、
このレシピはカチュンバ(p.65参照)をヒントに、わが家でよく作る簡単サラダのひとつです。

材料（3〜4人分）

- キャベツ（中） 1/4個（約250g）
- キュウリ 1本
- ニンジン 小1/4本（約50g）
- ピーマン 1/3個
- 塩 小さじ1/4
- A
  - **コリアンダーパウダー** 小さじ1/4弱
  - **チリパウダー** ひとつまみ
- 香菜（みじん切り） 大さじ1
- レモン果汁 小さじ1/2

1 キャベツは芯を切り落とし、キュウリは種を除き、すべての野菜をみじん切りにする（キャベツはやや大きめに）。
2 1をボウルに入れ、塩を加えて手で軽くもむ。
3 Aのスパイスを加えてよく混ぜ、香菜とレモン果汁も加えて混ぜ合わせる。

おいしいメモ

- ピーマンの代わりに青唐辛子2本のヘタと種を取り、みじん切りにしたものを加えてもよい。
- レモンの酸味が強ければ、砂糖をひとつまみ加える。

ひよこ豆のカチュンバ

カチュンバは、細かく切った野菜をスパイスと合わせたインドのサラダです。
中でもひよこ豆を加えたものは、イギリスに住むインド人のアングロインデアン料理です。
ひよこ豆のたんぱく質がたっぷり摂れておいしいですよ。
忙しいときの軽食や、ダイエットしたいときにも便利です。

材料（3〜4人分） 🌶
ひよこ豆（ゆでたものまたは缶詰）　1½カップ
A
├ 玉ネギ（みじん切り）　1/4カップ
├ トマト（種を除き、みじん切り）　1/2カップ
├ キュウリ（種を除き、みじん切り）　1本分
├ 青唐辛子（ヘタと種を除き、みじん切り）　1本分
└ 香菜（みじん切り）　大さじ2（山盛り）
チリパウダー　ひとつまみ
レモン果汁　小さじ1/2
塩　小さじ1/4

1　ボウルにひよこ豆と**A**の野菜を入れて混ぜ合わせる。
2　1にチリパウダー、レモン果汁、塩を加えて混ぜ合わせる。

おいしいメモ
- ひよこ豆は乾物をゆでたもの、缶詰のどちらでもよい。
- ひよこ豆は皮をむくことで味が染み込みやすくなり、よりおいしくなる。
- あればマンゴーパウダーまたはチャットマサラ（p.63参照）小さじ1/4を加えると、より本格的な味になる。

{ ライタ & チャツネ & ピクルス }

トマトのライタ

おなじみのライタのうちのひとつです。わが家ではこのライタにドライフルーツやナッツも加えます。いろいろな食感が加わり、よりおいしくなります。材料が手に入ったらぜひ加えてみてください。

材料（2～3人分）
ヨーグルト（プレーン）　225g
ミニトマト（種を除き、8等分に切る）
　10個分（約120g）
玉ネギ（みじん切り）　中1/6個分（約70g）
生姜（みじん切り）　大さじ1（約13g）
青唐辛子（ヘタと種を除き、みじん切り）　2本分
クミンパウダー　小さじ1/4弱
塩　小さじ1/4弱

1　ヨーグルトに、トマト以外の材料を入れてよく混ぜておく。
2　食べる直前にトマトを加え、よく混ぜる。

おいしいメモ
- あればカシューナッツ（無塩）大さじ2（約30g。麺棒でたたき割っておく）、ドライクランベリー大さじ3（約30g）、マンゴーパウダー小さじ1/4を加えてもよい（写真は加えたもの）。
- ヨーグルトの酸味が強い場合には、砂糖をひとつまみ加えてバランスを取る。
- 塩味のカシューナッツを使用する場合には、材料にある塩を加減する。

きゅうりのライタ

いちばん簡単なきゅうりを使ったライタです。本来は生姜を加えないのですが、わが家では生姜を加え、爽やかな仕上がりにしています。サラダ感覚で召し上がってもおいしいですよ。

材料（2～3人分）
ヨーグルト（プレーン）　225g
キュウリ（皮を筋状にむいておく）　1本
塩　小さじ1/4
生姜（みじん切り）　大さじ1
青唐辛子（ヘタと種を取り、みじん切り）　1～3本分
クミンパウダー　小さじ1/8

1　キュウリは種を取り除いて短冊切りにし、塩を加えて混ぜておく。
2　ボウルにその他の材料をすべて入れてよく混ぜておく。
3　食べる直前に1のキュウリの水分を絞り、2に加えてよく混ぜる。

おいしいメモ
- キュウリの余分な水分を完全に取り除いておくと、水っぽくならない。
- ヨーグルトが水っぽい場合には、ザルにキッチンペーパーを敷いたものにあけて水分を切るとよい。
- お好みで、チリパウダーをひとつまみ加えてもよい。

ミントチャツネ

インド料理店でも家庭でも、もっともよく使われるチャツネです。サモサなどのスナックにつけると、おいしさがいちだんと増します。インドでも用途により辛さはいろいろです。青唐辛子の量を調節してお好みの辛さで。

材料（作りやすい量）
🌶🌶🌶〜（用途により調整）
スペアミント　20g
香菜　25g
玉ネギ（中）　1/6個（約70g）
青唐辛子　1〜4本（好みで）
ニンニク　1カケ（5g）
ヨーグルト（プレーン）　大さじ2
クミンパウダー　小さじ1/2
ライムまたはレモン果汁　小さじ2
塩　小さじ1/2

1. ミント、香菜、玉ネギは洗ってからよく水気を切り、適当な大きさに切っておく。
2. 青唐辛子はヘタと種を除き、3等分に切る。
3. すべての材料をブレンダーにかける。

おいしいメモ
- ヨーグルトの酸味が強い場合には、砂糖を少量加えてバランスを取る。
- 3では、あればピーナッツまたはカシューナッツを3個ほど加えると、より本格的なおいしさになる。

黄桃のスウィートチャツネ

ジャムのような甘さのある、スウィートチャツネです。甘さの中にもスパイスの香りと辛さがきいています。ここでは手に入りやすい缶詰の黄桃を使っていますが、同レシピで生の黄桃やマンゴー、缶詰のマンゴーでも作れます。

材料（作りやすい量）🌶
黄桃（缶詰）　4個（約170g）
植物油　大さじ1
乾燥赤唐辛子　1本
マスタードシード　小さじ1/2
A
├ チリパウダー　小さじ1/4
├ 砂糖　大さじ1
├ 塩　小さじ1/4
└ レモン果汁　小さじ1

1. 桃は細かいみじん切りにし、包丁でたたいておく。
2. フライパンに油と乾燥赤唐辛子を入れて、弱めの中火で温める。
3. 赤唐辛子が膨らみはじめたら、マスタードシードを入れる。
4. マスタードシードがはじけはじめたら、蓋をして火を弱める。
5. はじける音が静まったら蓋を取り、桃とAを加えて混ぜ、2分ほど加熱する。

おいしいメモ
- マンゴーパウダーがあれば、小さじ1/2をAに加える。

即席玉ねぎピクルス

わが家の定番ピクルスです。
玉ねぎの水分を除き、スパイスを混ぜるだけ。
生の玉ねぎとにんにくを使っていますが、
スパイスを加え食べやすい味に。
仕上がったピクルスはすぐに食べられますが、
冷蔵庫で1週間の保存も可能です。

材料（作りやすい量）🌶🌶🌶
玉ネギ（一口大に切り、1枚ずつはがす）　小1個分（160g）
塩　小さじ1/4
A
├ ニンニク（すりおろし）　小さじ1（山盛り。約10g）
├ **チリパウダー**　小さじ2
├ **コリアンダーパウダー**　小さじ1
├ レモン果汁　大さじ2
└ 塩　小さじ1
植物油　大さじ1

1　玉ネギは、塩小さじ1/4を混ぜて軽くもんでおく。
2　Aを混ぜ合わせ、最後に油も加えてよく混ぜる。
3　玉ネギから出た水分は、キッチンペーパーでよくふき取る。
4　2に3の玉ネギを入れて、よく混ぜ合わせる。

おいしいメモ
- サラダ玉ネギや新玉ネギで作ると更に食べやすくなる。

即席にんじんピクルス

こちらも簡単に仕上がる即席ピクルスで、
作ったらすぐに召し上がれます。
冷蔵庫で1週間ほど保存もできます。

材料（作りやすい量）🌶🌶
ニンジン（皮をむき、せん切り）　中1本分（180g）
塩　小さじ1/2
A
├ ニンニク（すりおろし）　小さじ2（山盛り。約20g）
├ **チリパウダー**　小さじ2
├ **コリアンダーパウダー**　小さじ1/2
└ レモン果汁　大さじ2
植物油　大さじ1
塩　小さじ1/2

1　ニンジンは塩小さじ1/2を加えて混ぜ、軽く指先で水分が出るまでもんでおく。
2　1にAの材料を順に加えながら、指先で混ぜる。
3　すべての材料がよく混ざったら油を加えて混ぜ、最後に塩も加えてよく混ぜる。

レモンピクルス

爽やかな辛さのピクルスです。本来は多量の油とスパイスを使って漬け込みますが、ここでは塩レモンを使い、簡単に必要な分量だけ作れる方法をご紹介します。

材料（作りやすい量） 🌶🌶🌶
塩レモン（右記参照）　1個
植物油　大さじ2
マスタードシード　小さじ1/2
A
├ **チリパウダー　小さじ1/2**
├ 砂糖　小さじ1½
└ 塩　ひとつまみ

1　塩レモンは2〜3cm角ほどの大きさに切り、ボウルに入れておく。
2　小鍋に油を入れて弱めの中火で少し温め、マスタードシードを入れる。
3　マスタードシードがはじけはじめたら、蓋をして火を弱める。
4　はじける音が静まったら、Aを加えて混ぜる。
5　砂糖が溶けたらすぐに火を止め、すべて1の塩レモンに加えて混ぜ、絡ませる。常温に冷めてから食べる。冷蔵庫で1週間ほど保存もできる。

おいしいメモ
- 2では、シナモンスティック3cm、クローブ2個を油と同時に入れてもよい。
- 砂糖は、あれば溶けやすいフロストシュガーを使うとよい。

塩レモン

無農薬で作られたレモンを塩で漬けたものです。左記のピクルスの材料としてだけでなく、鶏胸肉をマリネして焼いたり、細かく切ってサラダに加えたりと、いろいろ使えてとても便利です。

材料（作りやすい量）
無農薬レモン　5個
塩　小さじ7（山盛り）

準備
- 保存瓶は滅菌しておく。
- レモンは水で洗い、水気を完全にふき取っておく。
- レモン2個は6等分のくし形に切ってから、果汁を絞り、一口大に切っておく。絞った果汁は冷蔵庫に入れておく。

1　レモン3個は縦の長さの2/3まで切り込みを入れる。
2　1を上下逆さにし、1の切り込みと十字になる角度で、同様に2/3まで切り込みを入れる（切り込みを入れたレモンはつながっている）。
3　切り込みの果肉部分に、それぞれ小さじ1/2の塩をのばす。
4　3のレモン1個の形を整え、保存瓶に入れる。
5　準備しておいた一口大のレモンの果肉部分に塩（分量外）をつけ、4のレモンのまわりの隙間に詰める（果汁が出てもよい）。残りの3のレモン2個も同様に詰める。
6　すべてのレモンを詰め終えたら、上から小さじ1の塩をかけ（余った塩があればそれも）、蓋をする。
7　冷暗所におき、数時間に一度瓶を逆さにしてふる。
8　翌日、取り置いたレモン果汁を加え、レモンが果汁で覆われるようにする。冷蔵庫で熟成させる（果汁がかぶった状態で1年ほど保存できる）。

{ ライス & パン }

サフランライス

高価なサフランを使用した、特別な日のためのご飯です。いろいろな作り方がありますが、その中でもこの作り方はいちばん簡単。バスマティライスを炊飯器で炊き上げて作ります。

材料（3〜4人分）
バスマティライス　2合
塩　小さじ1/2弱
バター（無塩）　15g
サフラン　小さじ1/2

1. サフランは、大さじ2の水に浸けておく。
2. バスマティライスは軽く水ですすぎ、炊飯器の内釜に入れて日本米と同じように水加減をする。
3. 5分ほどしたら2に塩を加えてよく混ぜ、日本の米と同様に炊く。
4. 米が炊き上がり蒸らし終わる直前にバターを加えて混ぜ、蓋をして蒸らす。
5. 4に、スプーンで筋を描くように1をかける（a）。
6. サフラン色と白色の部分に分かれるよう、ざっくり混ぜる。

おいしいメモ
- **バスマティライス**：インド産の高級長粒米。
  【洗い方】：長粒米なので、強く洗いすぎると割れてしまうことも。軽くすすぐ程度で充分。【水に浸ける時間】：5分ほどで充分。白米のように長い間水に浸けなくても上手に炊き上がる。【水加減】：白米が固くもなくやわらかくもなく炊ける量、目盛りにきっちり合わせた分量がよい。

スパイスライス

炊き上がったご飯に、ナッツとクミンシードで風味をつけたものです。いろいろな料理に合わせられますが、特にチキンカレーやケバブなどの肉料理と相性がいいと思います。

材料（3～4人分）
ご飯（炊き上げたもの）　米1.5合分
植物油　大さじ1
クミンシード　小さじ1/2
アーモンド　大さじ3（山盛り）
カシューナッツ　大さじ3（山盛り）
塩　小さじ1/2

1. アーモンドとカシューナッツは、砕くか粗く切っておく。
2. フライパンに油を入れて弱めの中火で少し温め、クミンシードを入れる。
3. クミンシードのまわりに泡が立ちはじめたら、1と塩を加える。
4. カシューナッツが色づきはじめたら、火からおろす。
5. ボウルに炊き上がったご飯を入れ、4をすぐに加えて（a）軽く混ぜる。

おいしいメモ
- 3では、好みで無塩バター少量を加えてもよい。
- ここで使用する米はバスマティライスなどの長粒米がむいているが、手に入らない場合は日本米を硬めに炊くとよい。

a

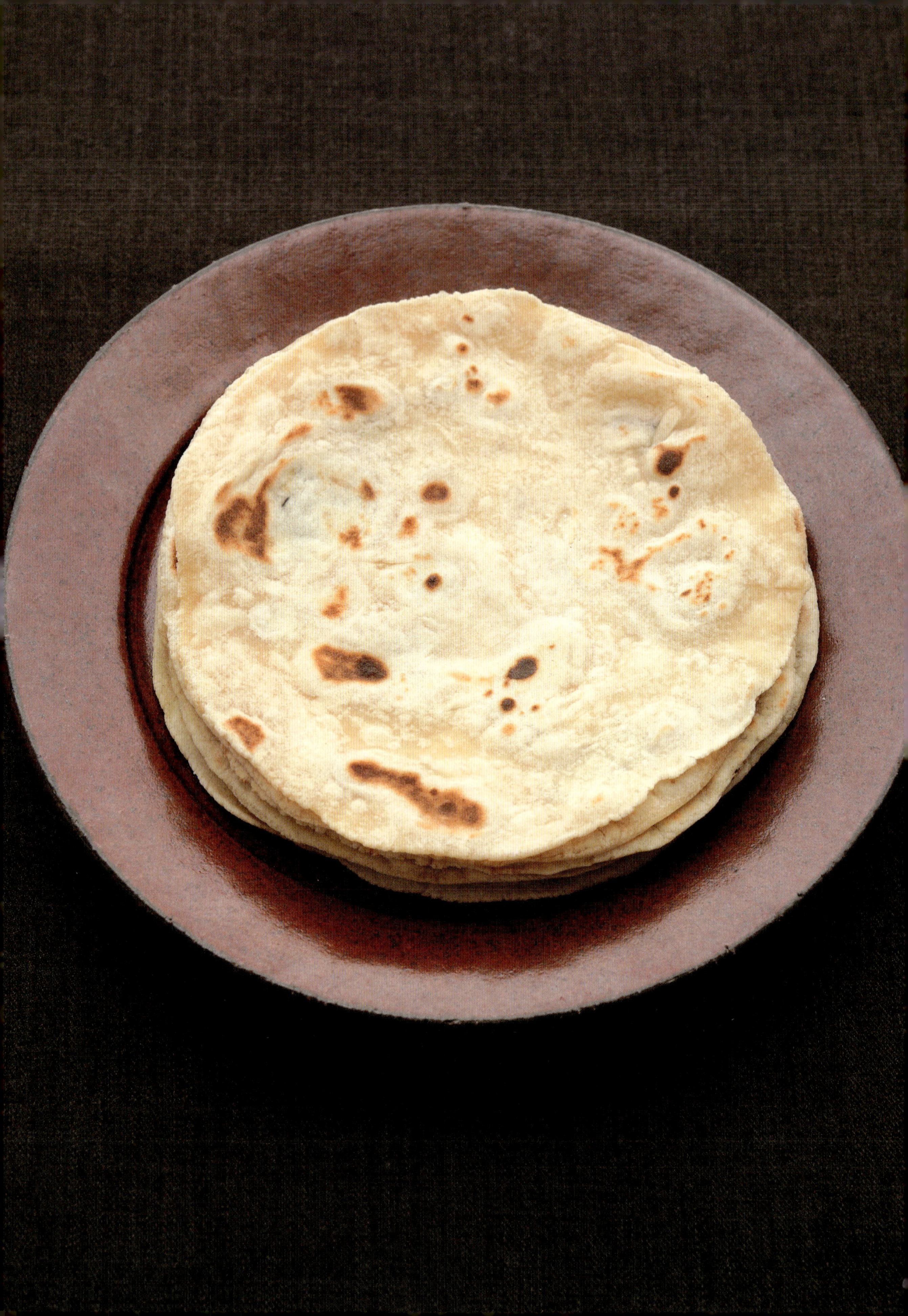

チャパティ

小麦粉で作る薄いパンです。インドの家庭ではナンよりもチャパティのほうが
よく作られます。発酵する過程がなく、短時間で作れるのも魅力です。
ここでは社会で活躍するインド人主婦の、手早くおいしく作れる方法をご紹介します。
手でちぎり、カレーやおかずを巻き込んで召し上がってください。

材料 (8枚分)
チャパティ粉　130g
塩　小さじ 1/4～1/2
植物油　大さじ1
水　60ml (気候気温により増減)
薄力粉 (打ち粉として使用)　適量

1　ボウルにチャパティ粉と塩を入れ、よく混ぜ合わせる。
2　油を1の粉の中央に入れ(a)、手でしごくようにして油を粉全体になじませる(b)。
3　2に水を少しずつ加えてまとめながらこねていく(c d)。
4　生地が手につかなくなってきたら、平らな台の上で更にこねる。
5　生地の感触が変わりなめらかになったら、丸くまとめてボウルに戻し(e)、ラップフィルムをかけて10分以上常温におく。
6　手のひらに油 (分量外) をつけて5の生地を8等分にし、表面がなめらかになるように丸めてボウルに入れる(f)。
7　丸めた生地をひとつ取り、両手のひらでつぶして薄力粉を両面につける(g)。ボウルの中の残りの生地はラップをかけておく。
8　台の上で、薄力粉をつけた麺棒を使い、直径15cmの円に伸ばす(h～j)。余分な粉は払う。
9　厚手のフライパンを強火で熱し、水をかけるとすぐ蒸発するほどの熱さになったら8をのせる。
10　生地の表面に空気の膨らみがいくつか出てきたら、膨らんでいない部分をキッチンペーパーで押さえる(k)。
11　裏を見て、焦げた部分が点々としていたら裏返す。
12　裏も同様に、膨らんでいない部分をキッチンペーパーで押さえる(l)。うまくいけば生地の全体が大きく膨らむ。
13　皿に移し、好みで表面に無塩バターまたはギー (分量外) を適量塗る。

おいしいメモ
・やわらかいチャパティにしたい場合は、水の代わりにぬるま湯を使う。

プーリ

インドの揚げパンです。チャパティと同じように作った生地を高温の油で揚げます。
プーリは冷めるとすぐにしぼみはじめ、召し上がるころには平らになります。
チャパティと同様に手でちぎって召し上がってください。

プーリ

材料（8枚分。2〜3人分）
チャパティ粉　130g
塩　小さじ1/4〜1/2
植物油　大さじ1
水　60ml（気候気温により増減）
薄力粉（打ち粉として使用）　適量
揚げ油（植物油）　適量

1. p.73のチャパティの作り方1〜6と同様にして生地を作り、丸めてボウルに入れる。
2. 丸めた生地をひとつ取り、両手のひらでつぶす。ボウルの中の残りの生地はラップをかけておく。
3. 台の上で、薄力粉をつけた麺棒を使い、直径13cmの円に伸ばす。
4. あらかじめ180℃に熱しておいた油に、3の生地をすべらせるように入れる。すぐに浮き上がるので、かす上げで生地が浮き上がるのを押さえる（a。気泡の抵抗力が感じられるが、丸く膨らむまで押さえる）。
5. 丸く膨らんだら生地を裏返し、こんがりとキツネ色になるまで揚げる（b）。鍋の油の上で油を切り、皿に立てかけるようにおいて更に油を切る。

   おいしいメモ
   - 安全のため、揚げる油の温度は180℃としているが、油の扱いに慣れてきたら高温の200℃で揚げると上手に膨らむ。ただし慣れていない場合、200℃にすると、揚げている途中で油から煙が出はじめて危険なので注意する。

フライパンで作るナン（写真なし）

インドのナンはイーストで生地を発酵させ、タンドール釜で焼いて作ります。おいしさの秘密は高温の釜で瞬時に焼き上げることなのです。ここでは家庭でも手軽においしく作れるよう、イーストを使用せずフライパンで焼いて作る方法をご紹介します。

材料（23cm程度のもの2枚。2人分）
A
- 薄力粉　150g
- ベーキングパウダー　小さじ1/2
- 砂糖　小さじ1/4
- 塩　小さじ1/4

植物油　小さじ1
ヨーグルト（プレーン）　大さじ2
牛乳　大さじ3
重曹（料理用）　小さじ1/4（小さじ1の水で溶いておく）
溶かしバター（無塩）またはギー　適量

1. Aは合わせてふるいにかけ、ボウルに入れておく。
2. 1に油を加えて手でしごくように混ぜ、ヨーグルトも加えて同様に混ぜる。
3. 2に牛乳を少しずつ加えながらボウルの中でこね、水に溶かした重曹も加える。
4. 生地がまとまりはじめたら、しっとりするまでこねる。
5. 4を2等分して丸め、ボウルに入れてラップフィルムをかける。
6. 15分経ったら、5の生地を1つ取り出し、ボウルには再びラップをかけておく。
7. 台に小麦粉（分量外）を薄くつけ、取り出した生地をおいて手のひらで押すようにして伸ばす。
8. 直径15cmほどになったら、生地の一端を指先でつまみながら振るようにしてナンの形に伸ばしていく。
9. あらかじめ蓋をして中火で高温に温めておいたフライパンに、8の生地をのせてすぐに蓋をする。
10. 生地の表面がところどころ大きく膨らみ、裏側にいい具合の焦げができたら裏返し、蓋をする。
11. 同様に焦げ色を確認し、焼き上がったら溶かしバターを表面に塗る。

   おいしいメモ
   - 5では、その日の湿度やヨーグルトの水分量で生地のやわらかさが変わってくる。もしやわらかすぎる場合は、生地をまとめるときに大さじ1程度の粉を生地にかけてから扱うとまとめやすくなる。
   - 生地はやわらかめのほうがふんわりおいしく仕上がる。
   - 9でフライパンは、手で水をかけると即時に蒸発するくらいに温めておく。

チーズクルチャ

クルチャはナンの生地を使用して作る丸い形のパン。プンジャビ料理のスペシャリティです。このパンにチーズを詰めて焼いたものがチーズクルチャです。ここではイーストを使わずに発酵も不要の、ご家庭で作りやすいものをご紹介します。フライパンで焼いて仕上げてください。

材料（2～3人分）

A
- 薄力粉　130g
- ベーキングパウダー　小さじ1/2
- 砂糖　小さじ1/4
- 塩　小さじ1/4

- 植物油　小さじ1
- ヨーグルト（プレーン）　大さじ2
- 牛乳　大さじ3
- 重曹（料理用）　小さじ1/4（小さじ1の水で溶いておく）

B
- チーズ（細切り）　60g
- 青唐辛子（ヘタと種を除き、みじん切り）　4本分
- **チリパウダー**　小さじ1/8
- **ガラムマサラ**　小さじ1/8

1. Aは合わせてふるいにかけ、ボウルに入れておく。
2. Bはよく混ぜておく。
3. 1に油を加えて手でしごくように混ぜ、ヨーグルトも加えて同様に混ぜる。
4. 3に牛乳を少しずつ加えながらボウルの中でこね、水に溶かした重曹も加える。生地は水分が多くまとまりにくいが、弾力が出るまでこねる。
5. ひとつにまとめ、更に2等分して丸め、ボウルに戻して（a）ラップフィルムをかける。
6. 15分経ったら5の生地をひとつ取り出し、ボウルには再びラップをかけておく。
7. 取り出した生地を手のひらで少し平らにしたら、小麦粉（分量外）をつけ（b）、台の上で手を使って伸ばす（c）。
8. 平らになった生地の中央に2を半分ほどのせて（d）、生地で包み込む。
9. 合わせ目をしっかり指で閉じ（e）、閉じた部分を下にして台の上で手を使って直径14cmほどに伸ばす（f）。
10. あらかじめ蓋をして中火で温めておいたフライパンに、9をのせてすぐに蓋をする。
11. 生地の表面が具から浮いてきたら、裏側の焦げ具合を確認する。よい色がついていたら裏返し、再び蓋をして同様に焼き上げる（g）。

おいしいメモ

- 4では、その日の湿度やヨーグルトの水分量により生地のやわらかさが変わる。やわらかい生地の扱いに慣れていない場合は、こねる途中に10g程度の粉を加えてもよい。また生地をまとめるときに大さじ1程度の粉を生地にかけてから扱うとまとめやすくなる。
- 生地はやわらかめのほうがふんわりおいしく仕上がる。
- 10でフライパンは、手で水をかけると即時に蒸発するくらいに温めておく。
- 仕上がったら好みで溶かしバター（無塩）またはギーを表面に塗る。また盛りつけるときに、好みで香菜（みじん切り）をかけてもよい（写真はかけたもの）。

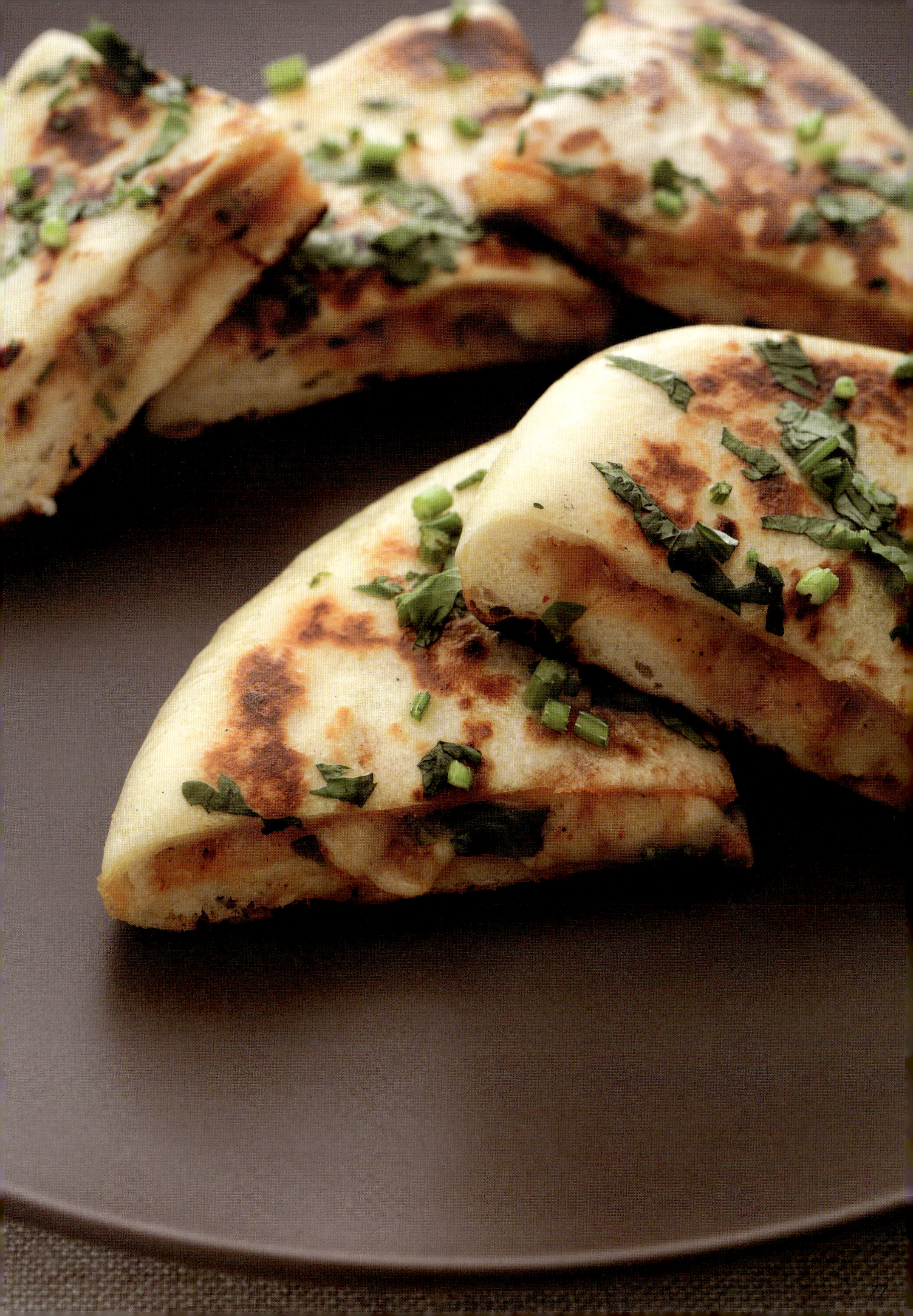

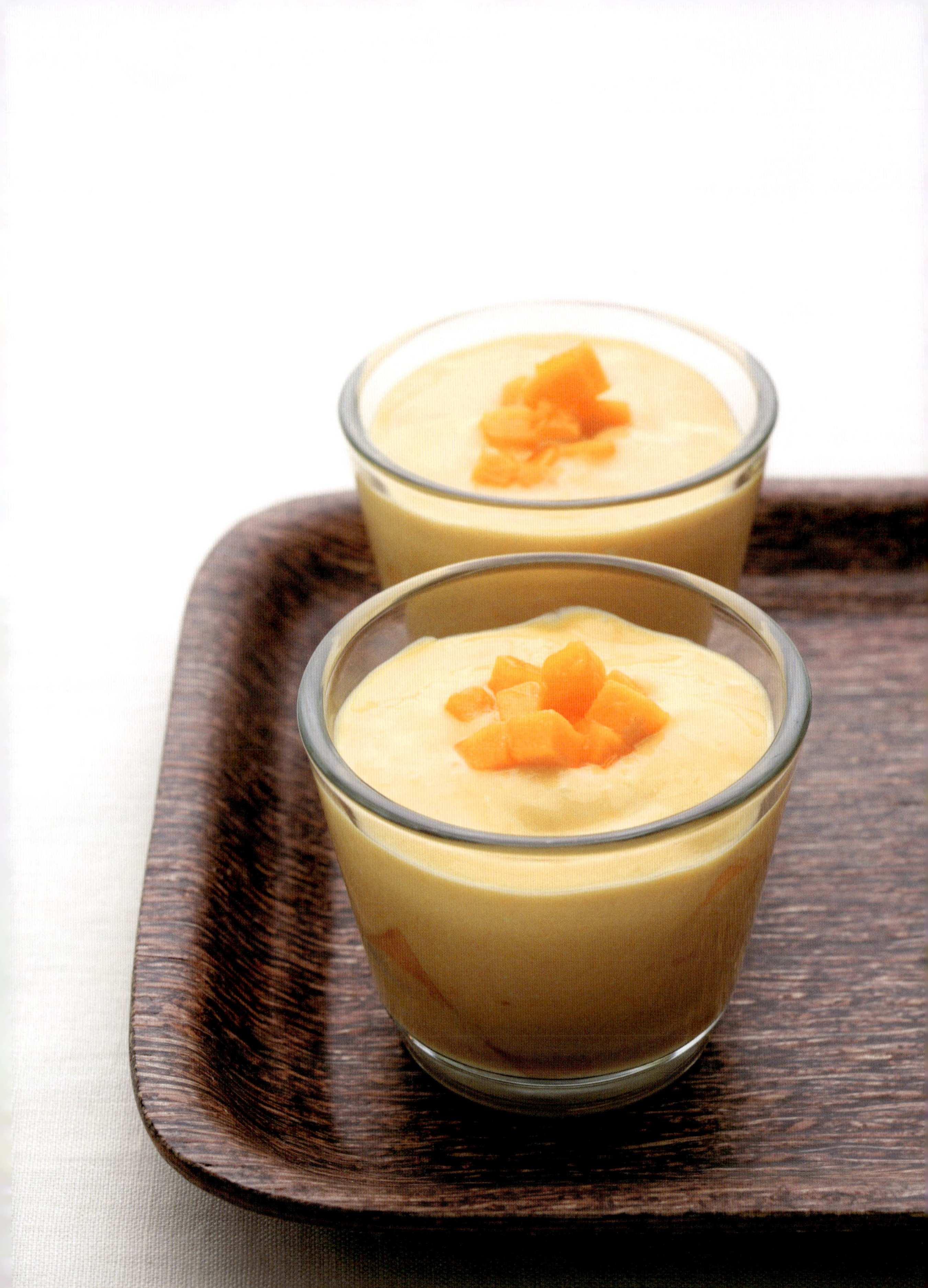

{ デザート & ドリンク }

マンゴーデライト

ヨーグルトで簡単に作れ、どなたにも喜ばれるインドスウィーツです。
義母ゆずりのこのレシピは絶品。教わったその日から、
たびたび作っては感動しています。これはマンゴーの味がおいしさの決め手。
適度に熟した甘いマンゴーを選びます。

材料（3～4人分）
マンゴー（大）　1個＋1/2個
ヨーグルト（プレーン）　250g
レモン果汁　小さじ1
カルダモンパウダー　小さじ1/8

1　ザルにキッチンペーパーを敷いたものにヨーグルトをあけて、水分を切っておく（a b）。
2　マンゴー1個は皮と種を除き、果肉をブレンダーで（または包丁でたたいて）ピューレにしておく。種のまわりについた果肉は、種の太いほうから細いほうへとナイフでこそげ落とすとよい（c）。
3　マンゴー1/2個分は皮と種を除き、一口大とさいの目（飾り用）に切る。
4　1のヨーグルトをボウルに移し、2のピューレにしたマンゴーを加えて混ぜる（d）。
5　4にレモン果汁とカルダモンパウダーを加え、一口大のマンゴーを数個入れた器に流し込む（e）。
6　さいの目に切ったマンゴーを飾り、冷蔵庫で冷たくなるまで冷やす。

おいしいメモ
- 時間のないときは、ヨーグルトをあけたキッチンペーパーの端を持ち、絞るようにして水気を切ってもよい（f）。
- 4では、好みでサフラン水小さじ1/4を加えてもよい。
サフラン水：大さじ1の水に対してひとつまみのサフランを加え、水が山吹色になるまで待つ。

レモンサンディッシュ

牛乳で作るチーズに、レモンの皮を加えて作った素朴なお菓子です。
甘さも控えめにヘルシーに仕上げました。ここで作る「牛乳チーズ」はインドでチェンナと呼ばれ、
本来はバッファローその他のミルクを使うこともありますが、ここでは日本で入手しやすい
牛乳を使っています。チェンナはパニアー（p.81参照）よりもしっとりしていて、少し粒々が感じられます。

材料（作りやすい量）
牛乳　1000ml
レモン（無農薬）　1個
砂糖　大さじ5
A
├ アーモンドエッセンス　数滴
└ コアントロー　小さじ1
ピスタチオ（3等分に切っておく）　適量

1　レモンは皮をピーラーでむき取ってせん切りにし、果汁も絞っておく。
2　牛乳チーズを作る。牛乳を鍋に入れて中火で温めながらかき混ぜ(a)、沸騰直前で火を止める。
3　沸騰が収まり湯気がやわらかくなったら、1のレモン果汁を加えて静かに混ぜる(b)。
4　牛乳が固まりだすのでしばらくそのままにする。
5　透明部分と白い塊に分かれたら(c)、キッチンペーパーを敷いたザルにあけて水分を切る。
6　水分がしっかり切れてチーズのようになったら、ボウルに移してよくこねる(d)。
7　6に砂糖、1のレモンの皮、Aを加えて混ぜる。
8　手のひらで小さなボールを作る(e)。
9　皿の上において楊枝で筋をつけ(f)、中央にピスタチオを飾る。

　おいしいメモ
• レモン果汁の酸味が弱く、牛乳が固まりにくい場合は、レモン果汁をもう1個分加えるか、酢小さじ1を加える。
• キッチンペーパーは、洗って使える切れにくいものがよい。
• 時間があるときは、5の後にキッチンペーパーでくるみ、重石をのせて更に水分を切るとよい。
• 7では、好みでカルダモンパウダー小さじ1/4～の適量を加えてもよい。

ココナッツサンディッシュ

ココナッツサンディッシュは牛乳チーズのチェンナをプレスして作ったパニアーに、ココナッツを加えて作るものです。このパニアーを使うインドスウィーツの数々は、ベンガル地方が発祥ともいわれています。ここではチーズを作る手間を省き、市販のココナッツにコンデンスミルクを加えて簡単に仕上げました。

材料（作りやすい量）
ココナッツファイン　80g
コンデンスミルク　40ml
A
├ ドライクランベリー（みじん切り）　大さじ1
├ アーモンド（みじん切り）　大さじ2
└ **カルダモンパウダー**　小さじ1/8

1　Aはよく混ぜておく。
2　ボウルにココナッツを入れ、コンデンスミルクを加えていく（a）。
3　手で軽く混ぜながらココナッツにコンデンスミルクをなじませる（b）。
4　手でもみ込みながら、ひとつにまとまるようになるまで混ぜる（c）。
5　4を丸めて五百円玉程度の球を作り、その中にAを入れる（d）。
6　Aをココナッツで包み込むようにしながらボールを作る（e）。
7　ココナッツ（分量外）を皿に広げ、6を転がしながらボールの外側にココナッツをつける。
8　冷蔵庫で1時間ほど冷やし固める。

　おいしいメモ
・ドライクランベリーの代わりに他のドライフルーツを使ったり、カシューナッツを使うなどバリエーションが楽しめる。

ヨーグルトスウィーツ
（シュリカンド）

ヨーグルトとは思えないほどクリーミーな、インド料理店でもおなじみのデザートです。
本来はかなり甘いのですが、ここでは食べやすいように甘さを軽めに仕上げました。
サフランの量もお好みで調節してください。

材料（3〜4人分）
ヨーグルト（プレーン）　450g
牛乳　大さじ1
サフラン　ひとつまみ
砂糖　小さじ4
カシューナッツ（砕いたもの）　大さじ1

1　ヨーグルトは、ザルにキッチンペーパーを敷いたものにあけて、水分を切っておく（a）。
2　牛乳は電子レンジで人肌に温め、サフランを加えておく（b）。
3　ボウルに1のヨーグルトと2のサフランミルクを合わせ、砂糖も加える（c）。
4　カシューナッツも加えてよく混ぜる。
5　器に盛って冷蔵庫で冷やし、カシューナッツ（分量外）を飾る。

おいしいメモ
- 4では、好みでカルダモンパウダーひとつまみを加えてもよい。
- カシューナッツの代わりにアーモンドも使える。
- 砂糖はフロストシュガーなど、溶けやすいものがむいている。

ラッシー

カレーをはじめとするインド料理によく合う、定番のヨーグルトドリンクです。ラッシーにはチリの辛さを中和してくれる働きがあります。
使うヨーグルトは、無脂肪や低脂肪でないもののほうが、おいしく仕上がります。

ソルティーミントラッシー

ラッシーといえば甘いものを思い浮かべますが、インドではソルティーラッシーもよく飲まれます。その名のとおり塩を加えたさっぱりした味が特徴です。暑い夏には熱中症予防としてもいいですよ。

材料（2〜3人分）
ヨーグルト（プレーン）　250g
牛乳　100ml
砂糖　小さじ4

1　ヨーグルトはあらかじめかき混ぜておく。
2　すべての材料をハンドブレンダーまたはジューサーで泡が立つまで混ぜる。

　おいしいメモ
- 2では、好みでカルダモンパウダー小さじ1/4を加えてもよい。
- ハンドブレンダーまたはジューサーがない場合は、ボウルにすべての材料を入れて泡立て器で混ぜてもよい。

材料（2〜3人分）
ヨーグルト（プレーン）　250g
牛乳　100ml
クミンパウダー　小さじ1/8
香菜（みじん切り）　小さじ1（山盛り）
スペアミント（葉）　2枚
塩　小さじ1/8〜1/4の好みの量

1　ヨーグルトはあらかじめかき混ぜておく。
2　すべての材料をハンドブレンダーまたはジューサーで、泡が立つまで混ぜる。

　おいしいメモ
- 好みで、スペアミントの葉、クミンパウダー、黒コショウ、マンゴーパウダー、チャットマサラ（p.63参照）などを添えてもよい。

マンゴーラッシー

マンゴー果汁にヨーグルトを加えて作る、人気のある飲み物です。このマンゴーラッシーは安価なフィリピンマンゴーでもおいしくできます。生のマンゴーが手に入らない場合には、缶詰、瓶入りのマンゴーでも作れます。

材料（2〜3人分）
ヨーグルト（プレーン）　250g
マンゴー　200g
牛乳　100ml
砂糖　小さじ2〜4

1　ヨーグルトはあらかじめかき混ぜておく。
2　マンゴーは皮と種を除き、適当な大きさに切っておく。
3　すべての材料をハンドブレンダーまたはジューサーで泡が立つまで混ぜる。

おいしいメモ
- 3では、好みでカルダモンパウダー小さじ1/4を加えてもよい。

チャイ

インドのミルクティーです。クローブ、シナモン、黒コショウなどのスパイスが入っているので、体がよく温まり健康にもとてもよいようです。使うスパイスは各家庭やレストランでさまざま。ここでご紹介するチャイはチャイマサラを作らずに、ミルクに直接ホールスパイスを加える手軽なものです。

材料（2人分）
A
├ 牛乳　2カップ
├ 水　2カップ
├ グリーンカルダモン（手でつぶす）　3個
├ シナモンスティック　5cm
├ クローブ　3個
└ レモングラス（葉）　2〜3枚
紅茶（アッサム茶葉）　小さじ4強
砂糖　大さじ1〜2

1　鍋にAをすべて入れ、強めの弱火でじっくり温める。
2　沸騰したら紅茶葉を入れ、濃いミルクティー色になるまで煮出す。
3　砂糖を加えてよく混ぜ、漉してスパイスや紅茶葉を取り除き、器に注ぐ。

おいしいメモ
- あれば黒粒コショウ3個を加えてもよい。
- レモングラスが茎のものの場合には、3cmほど加える。
- 生姜を加える場合には、薄くスライスしたものを3枚ほど加える。

{ もっと知りたい南インド料理 }

他の地域のインド料理に比べると、日本ではまだそれほど普及しているとはいえない南インド料理ですが、実はやさしいスパイス使いで、私たちにもなじみやすい料理がたくさんあります。特に野菜の炒め物は作り方も簡単で、コツさえ覚えてしまえば、いつもの炒め物に新しい世界が広がります。ここではそんな野菜料理をはじめ、おいしくて繰り返し作りたくなる南インド料理をご紹介します。

{ ポリヤル } p.86

南インドならではの野菜のお惣菜です。タミル語で「炒めた野菜」という意味。日本の炒め物にマスタードシードの香ばしい香りが加わったものと考えるとわかりやすいでしょう。蒸し煮が多いインドの野菜料理ですが、南インドでは、野菜をスパイスで炒めることがあります。とはいっても中華料理のように強火で鍋をゆすりながら激しく炒めるのではなく、ココナッツやウラドダルを加え、じっくりやさしく炒めていきます。蒸し煮とはまた違ったおいしさで、日本のお惣菜として使えるものばかりです。

{ アヴェヤル & カレー & クートェ } p.90

火を加えた野菜にヨーグルトとココナッツを混ぜて作るアヴェヤルは、南インドのお母さんの味。南インドのチキンカレーやえびカレーは適度な辛みがあり、さっぱりしているのに深みがあります。クートェは、南インドの野菜シチュー。アヴェヤルと同様ほとんど辛みのないやさしい味です。それぞれに異なる南インド独特のおいしさをお楽しみください。

{ スープ } p.96

南インド料理には欠かせない、代表的な料理です。酸味とスパイスのパンチが効いた爽やかな味のラサム、豆を煮込み野菜と合わせて作るサンバル。どちらもどこか懐かしさを感じさせる、ぜひ覚えておきたい家庭の味です。

{ スナック & おかず } p.98

日本人にとっては、どれも目新しさのある料理ばかりだと思いますが、いちど作ったらおいしくて虜になりますよ。どなたも楽しめるお料理ですが、おつまみとしても大活躍。初めて見る調理工程も、慣れてしまえばあっという間の楽しい作業です。

{ パチャディ & チャツネ } p.104

パチャディは加熱した野菜をつぶして作る南インド特有の副菜です。ライタの仲間といえば想像がつきやすいかもしれません。中でも加熱した野菜にヨーグルトを合わせて作るものは、ケララ特有のものです。南インドのチャツネには、ココナッツ、豆、白ごまなどが使われるのが特徴。代表的なココナッツチャツネは、世界中で人気です。

{ ライス & パン } p.106

南インドで食べられてきたご飯とパンですが、そのおいしさからインド全域にも広まっています。ここでは中でも特に人気があり、ぜひ覚えておきたいものを選んでみました。

{ デザート } p.110

インドのデザートは結婚式やお祭り、寺院の祭典などに欠かせない、とても大切なものとして位置づけられています。南インドでも同様で、大切な儀式のいちばん初めに口にするものはp.110のデザート（パヤザム）です。ここではいちばん簡単な作り方をご紹介します。

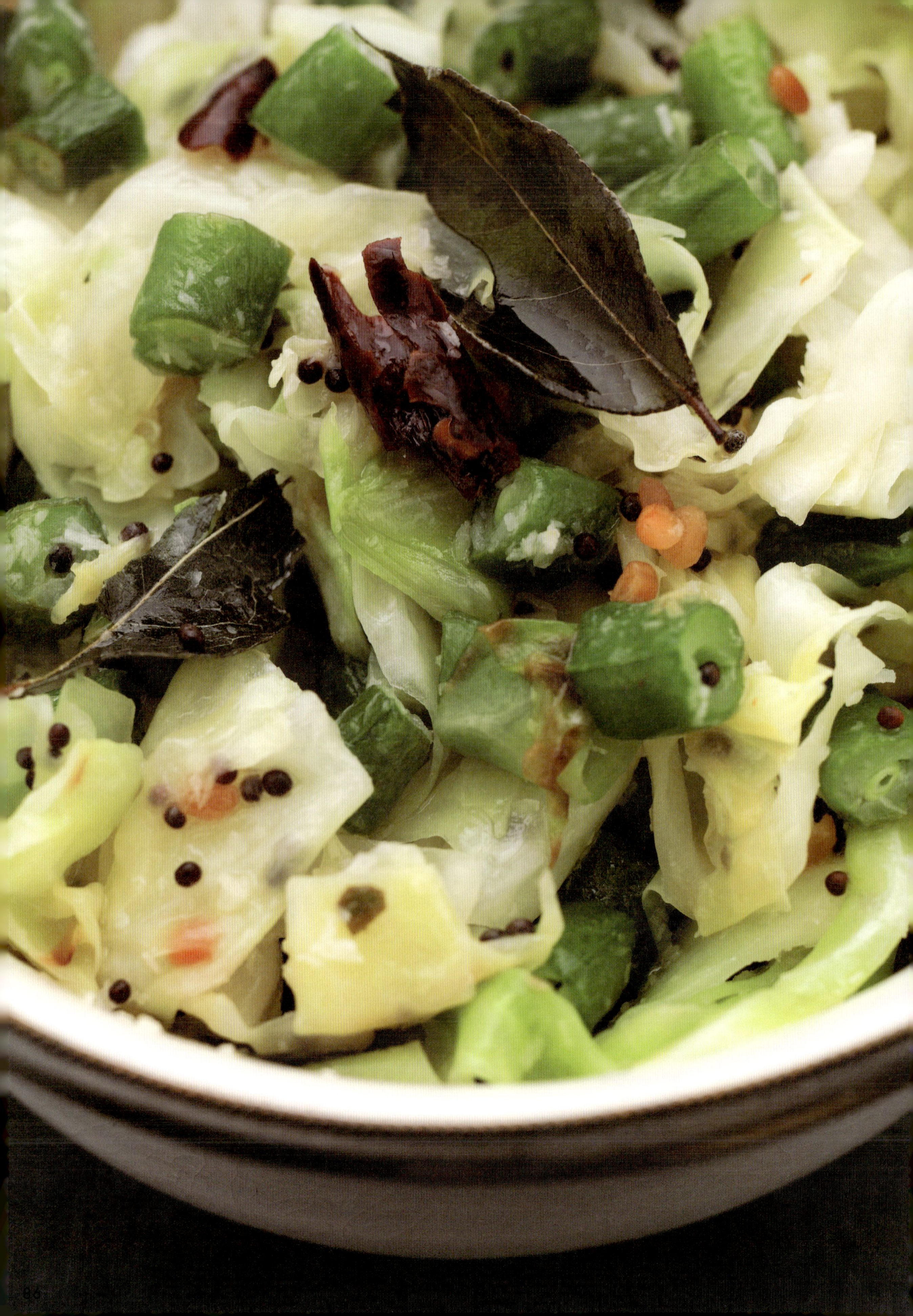

{ポリヤル}

キャベツといんげんのポリヤル

キャベツといんげんのスパイス炒め、ポリヤルです。
南インドのポリヤルはあっさりとして、日本人の私たちにもなじみやすい味。
ポリヤルを覚えれば、ふだんのおかずとしていろいろなバリエーションが楽しめます。
ここでは最後にレモン果汁を加え、キャベツの甘みとおいしさのバランスを取りました。

材料（2〜3人分）🌶🌶
植物油　大さじ1
乾燥赤唐辛子（ヘタと種を除き、割る）　1本
マスタードシード　小さじ1
キャベツ（1cm幅に切る）　1/4個分（約250g）
インゲン（1cm幅に切る）　約10本分（70g）
ココナッツファイン　大さじ1
塩　小さじ1/4〜の適量
レモン果汁　小さじ1

1. フライパンに油と乾燥赤唐辛子を入れて、弱めの中火で温める（a）。
2. 赤唐辛子が膨らみはじめたら、マスタードシードを加える（b）。
3. マスタードシードがはじけはじめたら、蓋をして火を弱める。
4. はじける音が静まったらインゲンを加え、混ぜながら弱めの中火で加熱する（c）。
5. いんげんに火が通りはじめたらキャベツも加え（d）、混ぜながら加熱する。
6. キャベツに火が通ったらココナッツを加えてよく混ぜ、塩で味を調える。
7. 仕上がる直前にレモン果汁を加えて混ぜる（e）。

おいしいメモ
- あれば、1でウラドダル（皮むき）小さじ1/2を、2でカレーリーフ（生）6枚を加えるとよい（写真は加えたもの）。

いんげんとグリーンピースのポリヤル

ポリヤルとはタミル語で「炒めた野菜」という意味。日本の炒め物に
マスタードシードの香ばしい香りが加わったものと考えるとわかりやすいでしょう。
ここでご紹介するポリヤルは、もっともシンプルなもの。
材料さえ揃えておけば、手早く作れます。

材料（2〜3人分）

植物油　大さじ1
乾燥赤唐辛子（ヘタと種を除き、割る）　2本
マスタードシード　小さじ1
インゲン　350g
グリーンピース（冷凍）　1/2カップ
ココナッツファイン　大さじ2
塩　小さじ1/4〜の適量

1　インゲンは筋とヘタを取り、1cm幅に切る。
2　フライパンに油と乾燥赤唐辛子を入れて、弱めの中火で温める（a）。
3　赤唐辛子が膨らみはじめたら、マスタードシードを加える（b）。
4　マスタードシードがはじけはじめたら、蓋をして火を弱める。
5　はじける音が静まったら、1のインゲンを加え（c）、混ぜながら弱めの中火で加熱する。
6　インゲンに火が通りはじめたらグリーンピースも加え（d）、混ぜながら加熱する。
7　ココナッツも加えて（e）よく混ぜ、塩で味を調える。

おいしいメモ
- 2では、あればウラドダル（皮むき）小さじ2を、3では、あればカレーリーフ（生）6〜8枚を加えるとよい（写真は加えたもの）。

a　b　c　d　e

なすのスパイス炒め

なすがおいしく食べられる簡単なスパイス炒めです。
南インドの料理ですが、なすにしっかりした味がつきますので、お弁当やお惣菜として
活躍すると思います。なすは種類によりいろいろな大きさがありますが、
小さくて短めのものを選ぶとよりおいしく作れます。

材料（3〜4人分）🌶🌶🌶
ナス（小） 6個
植物油 大さじ1強
マスタードシード 小さじ1/4
塩 小さじ1/2
A
├ **コリアンダーパウダー** 小さじ1/2（山盛り）
├ **チリパウダー** 小さじ1/4
└ 煎り白ゴマ 小さじ2

1 ナスはヘタを取り、縦に6cm長さのくし形に切る。
2 深型フライパンに油を入れて弱めの中火で温め、マスタードシードを入れる。
3 マスタードシードがはじけはじめたら、蓋をして火を弱める。
4 はじける音が静まったら1のナスと塩を加え（a）、中火で軽く炒める。
5 ナスに充分油が絡まったらAを加えて混ぜ（b）、蓋をして弱めの中火で加熱する。

おいしいメモ
- 2では、あればウラドダル（皮むき）小さじ1/2も加える。
- 3では、あればカレーリーフ（生）6枚も加える。

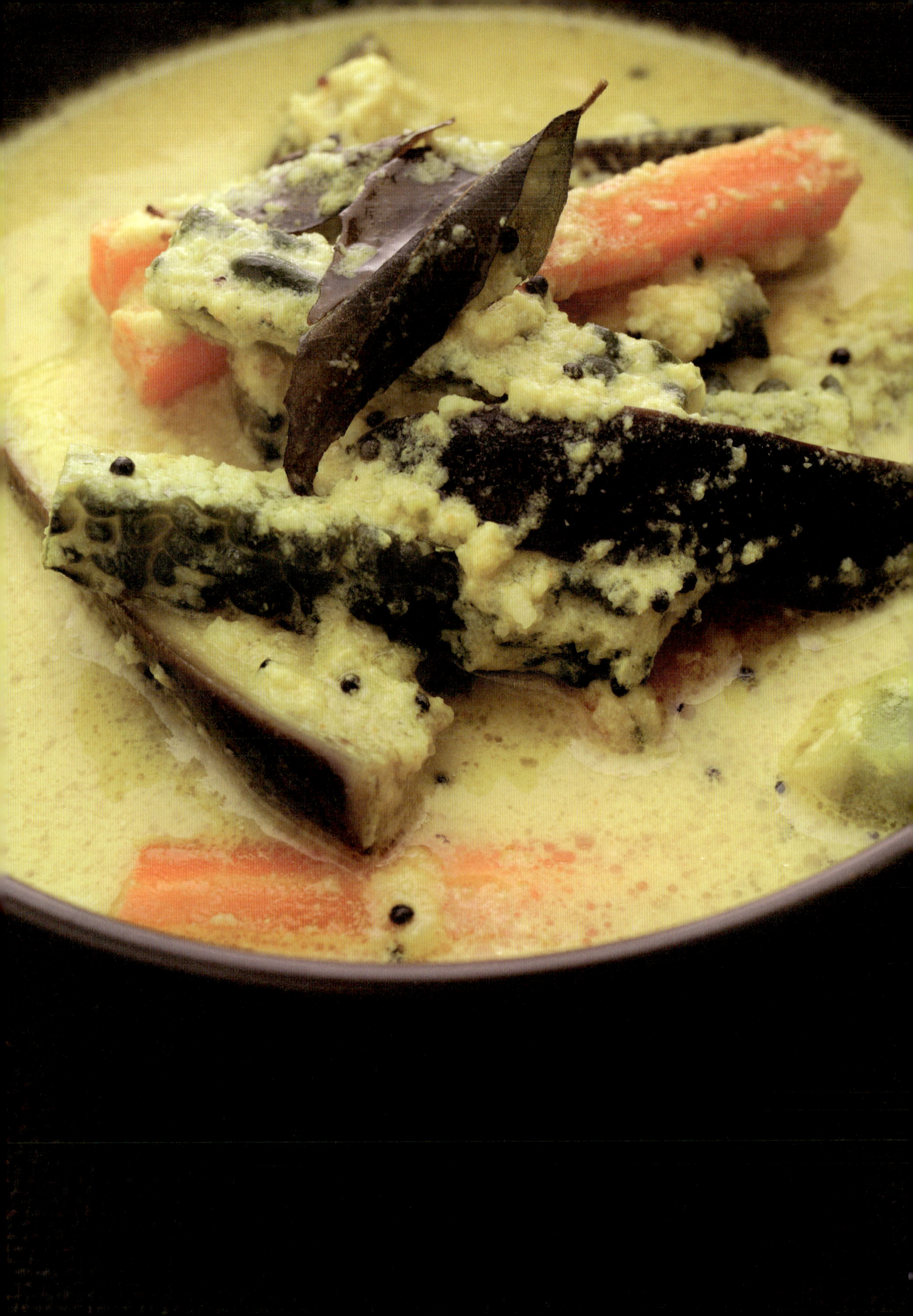

{ アヴェヤル & カレー & クートェ }

苦瓜となすのココナッツ煮（アヴェヤル）

南インドの家庭では、ゆでた野菜にヨーグルトとココナッツを混ぜて作る
アヴェヤルというお惣菜をよく作ります。アヴェヤルはもともと汁の少ない
ドライタイプのお惣菜ですが、汁のあるタイプもあります。
ここではある方のご自宅でご馳走になった汁のあるアヴェヤルをご紹介します。
とてもマイルドで体にやさしい味がします。

材料（3〜4人分）

A
├ 苦瓜（ゴーヤ。拍子木切り）　大2/3本分
├ ニンジン（拍子木切り）　1/3本分
└ ナス（苦瓜に合わせて切る）　1本分
ヨーグルト（プレーン）　1カップ
ココナッツファイン　1カップ
青唐辛子　4本
植物油　大さじ1＋大さじ1
ターメリック　小さじ1
塩　小さじ1/2〜の適量
マスタードシード　小さじ1
カレーリーフ（生）　6枚

1　ココナッツと青唐辛子、ヨーグルトを合わせてブレンダーにかける（a b）。
2　鍋に大さじ1の油とAの野菜を入れ、中火で炒める（c）。
3　野菜がやわらかくなりはじめたら水90mlを加えて混ぜ（d）、ターメリックと塩も加えて弱めの中火で加熱する。
4　ニンジンがやわらかくなったら火を弱め、1を加えて（e）よく混ぜる。弱火で1〜2分ほど煮て火を止める。
5　別の小鍋に大さじ1の油を入れて弱めの中火で温め、マスタードシードとカレーリーフを入れる。
6　マスタードシードがはじけはじめたら、蓋をして火を弱める。
7　はじける音が静まったら、4に油ごと加える（f。テンパリング）。

おいしいメモ
- 油は、ココナッツオイルがあれば使うとよいが、わざわざ買わなくてもよい。

南インドのチキンカレー

鶏もも肉とココナッツミルクで作るカレーです。
ここでは玉ねぎの角が茶色くなるように、あえて中火で調理することがコツです。
タマリンドペーストがあればベストですが、なければレモン果汁で代用してください。

材料（2〜3人分）🌶🌶🌶
鶏モモ肉（大きめの一口大に切る）　250g
ヨーグルト（プレーン）　大さじ1
植物油　大さじ1
シナモンスティック　5cm
マスタードシード　小さじ1/2
玉ネギ（みじん切り）　中1/2個分
生姜、ニンニク（各すりおろし）　各大さじ1

A
- **コリアンダーパウダー**　大さじ1（山盛り）
- **クミンパウダー**　小さじ1
- **チリパウダー**　小さじ1/2〜1
- **ターメリック**　小さじ1/2弱
- 黒コショウ（粗挽き）　小さじ1/4

B
- ココナッツミルク　100ml
- 水　300ml
- タマリンドペースト　小さじ1/2
  （またはレモン果汁　小さじ2）
- 塩　小さじ1/2〜の適量

1. 鶏肉にヨーグルトを加えて混ぜ、軽くもんでおく。
2. Aに水大さじ2を加えて混ぜ、ペースト状にしておく（a b）。
3. 鍋に油とシナモンを入れて弱めの中火で温め、マスタードシードも加える。
4. マスタードシードがはじけはじめたら、蓋をして火を弱める。
5. はじける音が静まったら玉ネギを加え、混ぜながら中火で加熱する。
6. 玉ネギの角が茶色くなったら、生姜、ニンニクを加えて混ぜる。
7. ニンニクの香りが立ってきたら火を弱め、1の鶏肉をヨーグルトごと加えて混ぜる。
8. 鶏肉の表面が白くなりはじめたら、2を加えてよく混ぜる。
9. 続けてBも加え、蓋をしないで弱めの中火で、鶏肉がやわらかくなり、ソースにとろみがつくまで加熱する。

おいしいメモ
- 3では、あればカレーリーフ（生）10枚をマスタードシードとともに加えるとよい（写真は加えたもの）。

えびのガーリックカレー

ココナッツミルクを使ったマイルドなえびカレーです。ガーリックカレーというだけあり、かなりたくさんのにんにくを使いますが、でき上がるとスパイスとにんにくが溶け合って、にんにくがこれほど入っているとは気がつかないほど。マイルドでとてもおいしい味になり、元気も出ます。

材料（2〜3人分）

エビ（大）　10尾

A
- **ターメリック**　小さじ1/2
- レモン果汁　小さじ1

植物油　大さじ1
マスタードシード　小さじ1
赤玉ネギ（みじん切り）　中1/4個分
トマト（みじん切り）　中1個分

B
- ニンニク　5カケ
- **チリパウダー**　小さじ1
- **コリアンダーパウダー**　大さじ1（山盛り）
- **クミンパウダー**　小さじ1（山盛り）
- 黒コショウ（粗挽き）　小さじ1/4
- ココナッツミルク　400ml

塩　小さじ1/2〜の適量

1. エビは尾と殻を除き、背ワタを楊枝で取って下処理をし（p.99参照）、Aを加えて混ぜておく。
2. Bのニンニクは丸ごと、小さじ1の油（分量外）で茶色く色づくまで炒める。
3. 2と残りのBを合わせ、ブレンダーでなめらかなペーストにする（a b）。
4. 厚手の鍋に油を入れて弱めの中火で温め、マスタードシードを入れる。
5. マスタードシードがはじけはじめたら、蓋をして火を弱める。
6. はじける音が静まったら赤玉ネギとトマトを加え（c）、中火で加熱する。
7. 赤玉ネギが茶色く色づき、トマトの水分が飛んだら、3のペーストと塩を加えて（d）混ぜ、蓋をして弱めの中火で加熱する。
8. ソースの色が濃くなったら1をすべて加えて混ぜ（e）、蓋をして弱火でエビに火が通るまで煮る。

おいしいメモ
- 4では、あれば乾燥赤唐辛子1本、フェヌグリークシード小さじ1/8を油と同時に、カレーリーフ（生）6枚をマスタードシードと一緒に加えるとよい。

a　b　c　d　e

かぼちゃのクートェ

クートェは南インドの野菜シチュー、といえばわかりやすいかもしれません。豆をゆでて
ペーストにしたものと、ココナッツをスパイスとともに煎り、ペーストにしたものを合わせて作ります。
インドでもスパイシーでないものを食べたいときに作る料理というだけあり、やさしい心温まる味です。

材料（4〜5人分） 🌶🌶

豆のペースト
├ ツールダル　1/2 カップ
└ **ターメリック**　小さじ 1/4

ココナッツペースト
├ **乾燥赤唐辛子**　3本
├ フェヌグリークシード（あれば）
│　　小さじ 1/4
├ ココナッツファイン　1カップ
└ A
　├ **コリアンダーパウダー**
　│　　小さじ 2（山盛り）
　├ **ヒング**　小さじ 1/2
　└ 煎り白ゴマ　大さじ 1

カボチャ（一口大に切る）
　　中 1/2 個分
インゲン（3〜4等分に切る）
　　100g

B
├ タマリンドペースト　小さじ 1/2
│　　（山盛り）
├ **ターメリック**　小さじ 1/2
├ ヨーグルト（プレーン）　大さじ 1
└ 塩　小さじ 1

C（テンパリング用）
├ 植物油　大さじ 1
├ **マスタードシード**　小さじ 1
└ カレーリーフ（生）　6枚

豆のペースト

1. ツールダルは水ですすぎ、水に30分以上浸ける。
2. 厚手の鍋に、水気を切った1の豆と水400ml、ターメリックを入れ、蓋をして弱めの中火で豆がやわらかくなるまで煮る（a）。
3. 2が冷めたら、煮汁ごとブレンダーでペーストにしておく。

ココナッツペースト

1. 深型フライパンで乾燥赤唐辛子を（あればフェヌグリークシードも）空煎りする（b）。
2. 1にココナッツを加えて混ぜ（c）、茶色くなりはじめたらAを順に加えて混ぜ（d）、1分ほど弱火で加熱して（e）、火からおろす。
3. 2が冷めたら別の容器に移し、水100mlを加えてブレンダーでペーストにする（f）。

かぼちゃのクートェ

1. 深型フライパンにカボチャを入れ、弱めの中火で空煎りする。
2. カボチャに火が通りはじめたらインゲンを入れ（g）、Bと水100mlを加え、蓋をして弱めの中火で加熱する。
3. カボチャがやわらかくなりはじめたら、豆のペーストとココナッツペーストを加えて混ぜ（h）、加熱する。必要であれば適量の水を加えてもよい。
4. カボチャがやわらかくなったら、Cでテンパリングをする（i。下記参照）。

テンパリング（タルカ）の方法

使うスパイスは料理によって異なるので、各料理のレシピを参考に。

材料（かぼちゃのクートェ用）
植物油　大さじ 1

A
├ **マスタードシード**　小さじ 1
└ カレーリーフ（生）　6枚

1. 小鍋に油を入れて弱めの中火で温め、Aを加える。
2. マスタードシードがはじけはじめたら、蓋をして火を弱める。
3. はじける音が静まったら、油ごと調理の仕上げに加える。

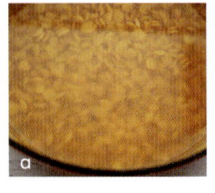

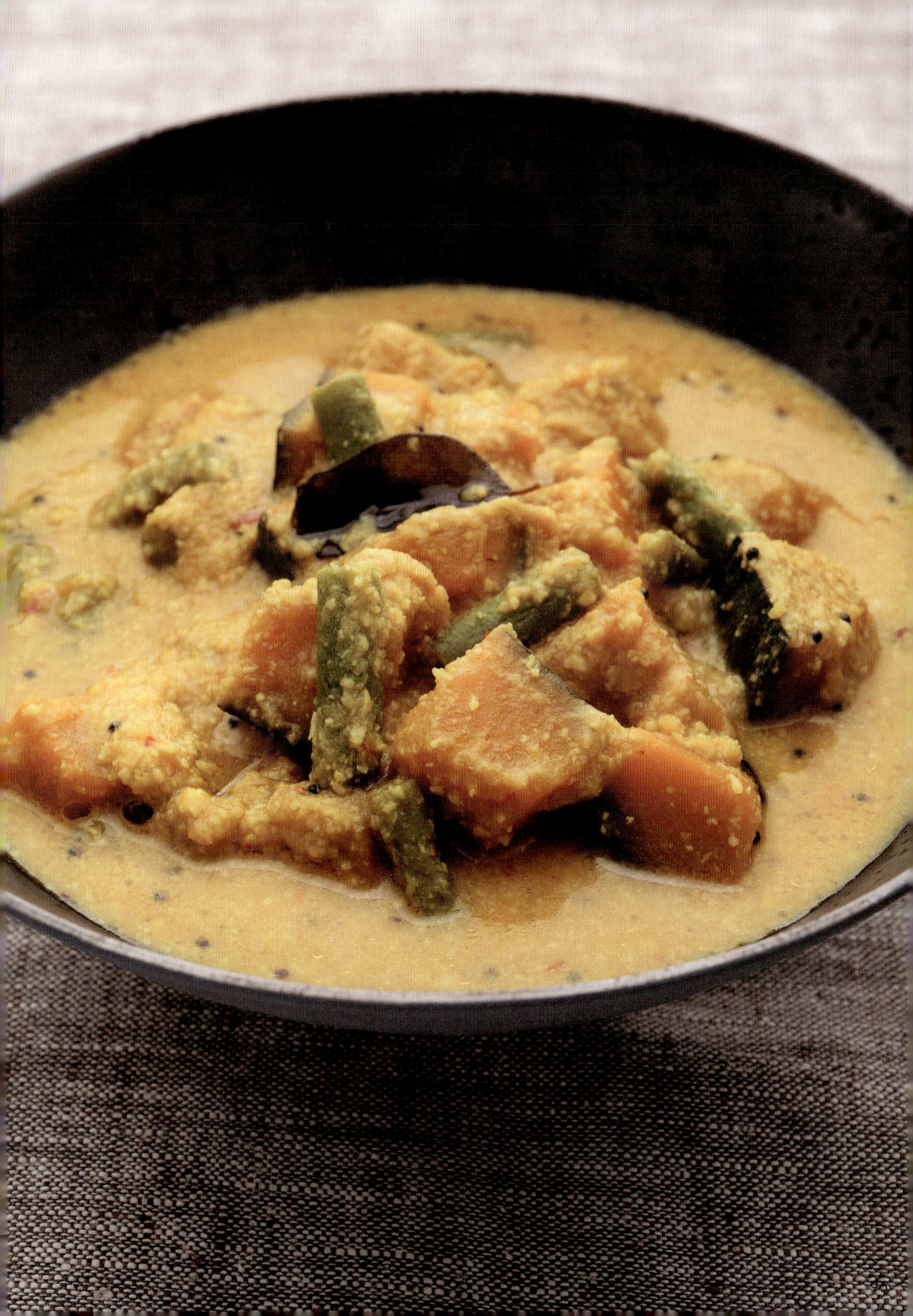

{スープ}

ラサム

スパイシーで甘酸っぱい爽やかなスープです。ラサムは南インドの食卓には欠かせないもののひとつ。ラサムといってもいろいろな種類がありますが、ここではトマトと黒コショウで作る、いちばん簡単なラサムをご紹介します。夏場など暑い日には体調がすっきりし、寒い冬には体を温めてくれます。

材料（3〜4人分）🌶🌶
ツールダル（またはマスールダル） 50g（約大さじ4）
ターメリック 小さじ1/4
植物油 大さじ1強
クミンシード 小さじ1/2
トマト（粗みじん切り） 中2個分
A
├ **コリアンダーパウダー** 小さじ1（山盛り）
├ **チリパウダー** 小さじ1/4
├ **ターメリック** 小さじ1/4
├ 黒コショウ（粗挽き） 小さじ1/2
├ 香菜（みじん切り） 大さじ2
└ タマリンドペースト 小さじ1/2
塩 小さじ1/2〜の適量

1. ツールダルは軽く水で洗い、水に30分以上浸けておく。
2. 鍋に、水気を切った1のツールダルと水600ml、ターメリック小さじ1/4を入れ、蓋をして弱めの中火で豆がやわらかくなるまで煮る。煮上がったら火からおろしておく。
3. 厚手の別鍋に油を入れて弱めの中火で温め、クミンシードを入れる。
4. クミンシードのまわりに泡が立ちはじめたらトマトを加え、蓋をして加熱する。
5. トマトが崩れはじめたら、2の豆を煮汁ごと入れてAも加え、蓋をして加熱する。
6. トマトが完全に崩れたら火からおろし、ブレンダーでなめらかにする。
7. 塩で味を調え、スープにわずかにとろみがつくまで弱火で加熱する。

おいしいメモ
- 3では、あればマスタードシード小さじ1/2、フェヌグリークシード小さじ1/8、ヒング小さじ1/4も加える（クミンシードの前に）。
- 4では、あれば青唐辛子1本に切り込みを入れて加える。
- 7の仕上げにテンパリングをして加えるとよりおいしい（テンパリングp.94参照：植物油大さじ1、マスタードシード小さじ1/2、カレーリーフ〈生〉6枚。写真はテンパリングをしたもの）。

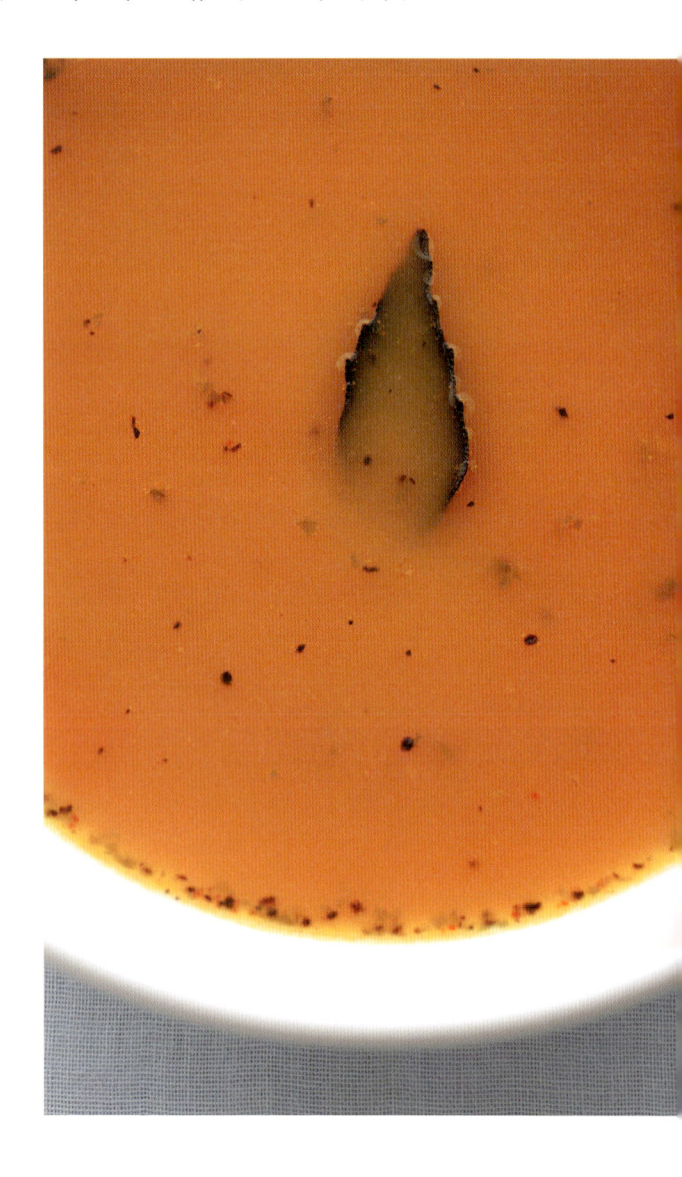

サンバル

豆と野菜を煮込んだ南インドの汁物です。日本のお味噌汁のように、
いろいろな野菜を使い、各家庭にそれぞれのおいしさがあります。
コツは何かひとつ甘めの野菜を加えること。味にコクと深みを与えてくれます。

材料（4～6人分）
ツールダル（またはマスールダル）　1/2 カップ
ターメリック　小さじ 1/4
植物油　大さじ 1
クミンシード　小さじ 1/2
玉ネギ（みじん切り）　中 1/2 個分
生姜、ニンニク（各すりおろし）　各小さじ 1

A
├ サツマイモ（一口大に切る）　中 1/3 本分（約 100g）
├ 大根（一口大に切る）　中 4cm 幅分（約 150g）
└ トマト（みじん切り）　中 1 個分

B
├ **コリアンダーパウダー**　小さじ 2
├ **クミンパウダー**　小さじ 1/4
├ **ターメリック**　小さじ 1/4 強
└ **チリパウダー**　小さじ 1/2

C
├ 香菜（みじん切り）　大さじ 3
└ タマリンドペースト　小さじ 1/2

塩　小さじ 1/2～の適量

1　ツールダルは水で洗い、水に 30 分以上浸けておく。
2　鍋に、水気を切った 1 のツールダルと水 600ml、ターメリック小さじ 1/4 を入れ、蓋をして豆がやわらかくなるまで弱めの中火で煮る。煮上がったら火からおろしておく。
3　厚手の別鍋に油を入れて弱めの中火で温め、クミンシードを入れる。
4　クミンシードのまわりに泡が立ちはじめたら玉ネギを加え、混ぜながら加熱する。
5　玉ネギが透き通ってきたら、生姜、ニンニクを加えてよく混ぜる。
6　ニンニクの香りが立ってきたら A の野菜を加えて混ぜ、蓋をして弱めの中火で加熱する。
7　トマトが崩れはじめたら B を加えて混ぜ、蓋をして弱めの中火で加熱する。
8　野菜がやわらかくなりはじめたら、2 の豆を煮汁ごと加え、C も加えて蓋をし、弱めの中火で煮る。
9　野菜と豆が崩れてきたら火を止め、野菜の 1/3 の形を残す程度にブレンダーをかける。塩で味を調え、蓋をして弱火で数分加熱する。

おいしいメモ
- 3 では、あれば乾燥赤唐辛子 1 本、フェヌグリークシード小さじ 1/8 を油と同時に、ヒング小さじ 1/4 をクミンシードとともに加えるとよい。
- 9 の仕上げにテンパリングをして加えると、よりおいしい（テンパリング p.94 参照：植物油大さじ 1、マスタードシード小さじ 1/2、カレーリーフ〈生〉6 枚）。

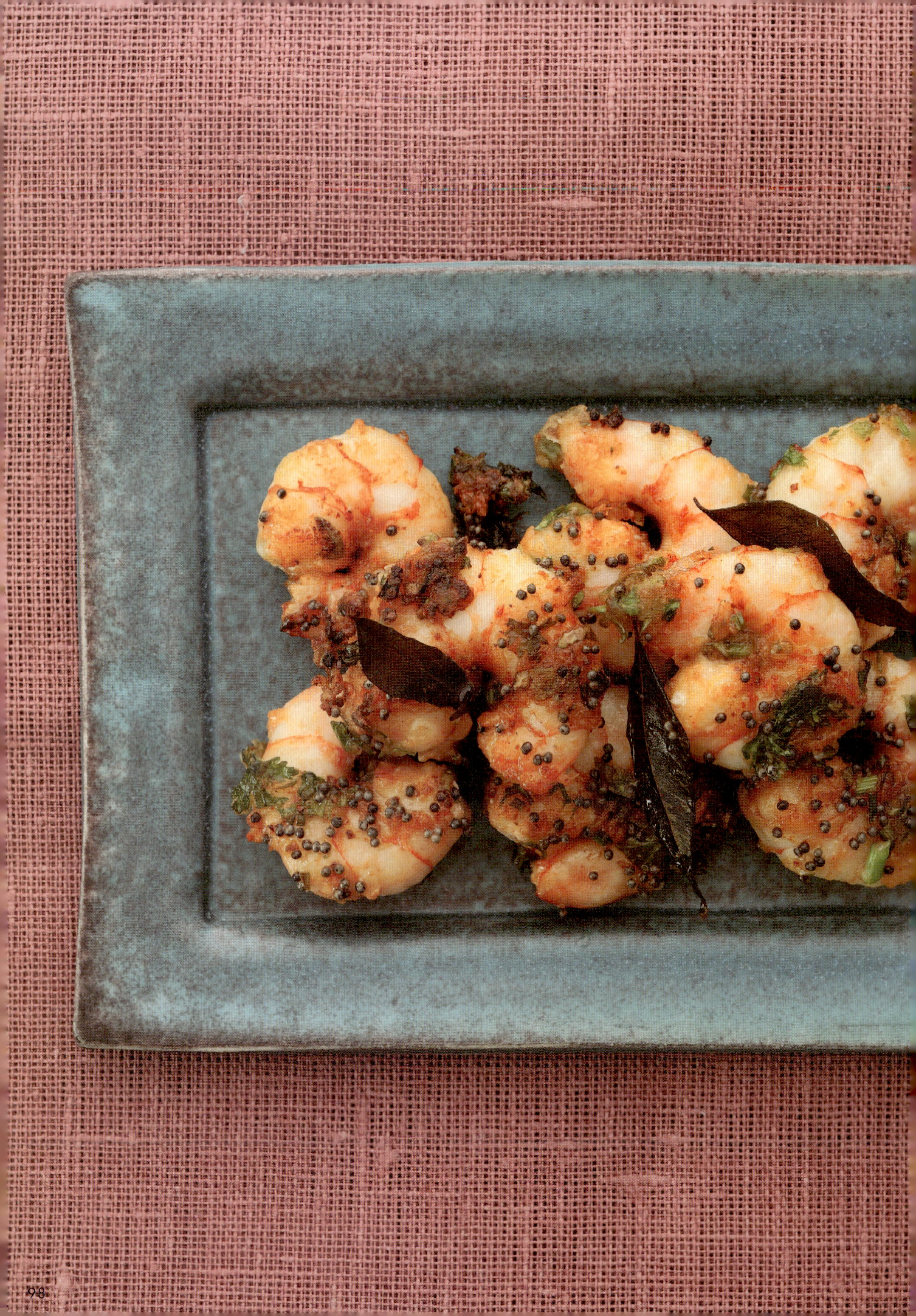

{ スナック & おかず }

えびのスパイス絡め

えびにスパイスを絡めるだけで簡単にできるおかずです。
おかずとしてだけでなく、酒の肴やちょっと気のきいた
パーティー料理としても活躍すると思います。

材料（2〜3人分）

エビ（尾と殻を除き、背ワタを楊枝で取る） 12尾

A
- **チリパウダー** 小さじ1/4
- レモン果汁 大さじ1
- ニンニク（すりおろし） 大さじ1
- 青唐辛子（ヘタと種を除き、みじん切り）
   3本分（約大さじ1）
- 香菜（みじん切り） 大さじ1

塩 小さじ1/4強〜1/2
天ぷら粉（市販） 大さじ1（山盛り）
植物油 大さじ2
マスタードシード 小さじ1/2
カレーリーフ（生。あれば） 6枚

1 エビにAを順番に加えて混ぜていき（a b）、そのまま5分ほど漬けておく。
2 エビが水分を吸収したら、塩を加えて混ぜ、天ぷら粉も加えてよく混ぜる（c）。
3 フライパンに油を入れて弱めの中火で温め、マスタードシードを（あればカレーリーフも）入れる（d）。
4 マスタードシードがはじけはじめたら、蓋をして火を弱める。
5 はじける音が静まったら、火力を戻し、2のエビを置いていく（e）。
6 エビに火が通り白くなりはじめたら裏返し、全体に火が通るまで焼く。
7 油は残して、エビとスパイスのみを盛りつける。

おいしいメモ

- 時間があるときには、エビは下処理をするとよい。
  エビの下処理：尾と殻を除いたエビをボウルに入れ、片栗粉をよくまぶしてから水を加えて軽くもむ。水が灰濁色になり汚れが吸着するので、水で洗い流す。背ワタを楊枝で除いた後水で洗い流し、キッチンペーパーで水分をふき取って使用する。
- 天ぷら粉がない場合は、片栗粉や小麦粉で代用できる。

豆の塩ドーナッツ（ワダ）

皮のないウラダルで作る、塩味のドーナッツです。
南インドでは朝食にしたり、ミールス（p.19参照）の1品として出てきたりします。
このワダは、必ずココナッツチャツネをつけながら召し上がってください。
豆で作ったとは思えない、フワッとしたなんともいえない食感をお楽しみください。

材料（作りやすい量）🌶
ウラダル（皮むき）　1カップ
A
├ 生姜（みじん切り）　大さじ1
├ 青唐辛子（ヘタと種を除き、みじん切り）
│　　1〜4本分
└ 黒コショウ（粗挽き）　小さじ1/4弱
塩　小さじ1/2
揚げ油（植物油）　適量

1　ウラダルは軽く水ですすいでから、水に3時間ほど浸けておく（a）。
2　1の水気を切り、ハンドブレンダーでなめらかなペースト状にする（b c。粒が残っていないか指で確認する）。
3　2をボウルに移し、Aを加えてよく混ぜる（d）。
4　揚げる直前に塩も加えてよく混ぜる。
5　手のひらに油（分量外）を塗り、4の生地を1個分手のひらにのせて形を整え、親指で穴を作る（e）。
6　180℃に熱した油に、5をそのまますべらせるように入れる。
7　じっくりとキツネ色になるまで揚げる。

おいしいメモ
- 2では、必要なら水を大さじ1ずつ適量加えてもよい。
- 2では、角が立つまで泡立てた生クリームのようななめらかさを目指すと、フワフワとしたやわらかいワダになる。
- 3では、あればカレーリーフ（生）5枚のせん切りを加える。
- 塩は揚げる直前に加えることで、水っぽくならない。
- 6が難しい場合には、油を塗った平らなしゃもじなどに生地をのせ、そこからすべらせるようにしてもよい。またはスプーンで適量ずつ落とし込んでもよい。

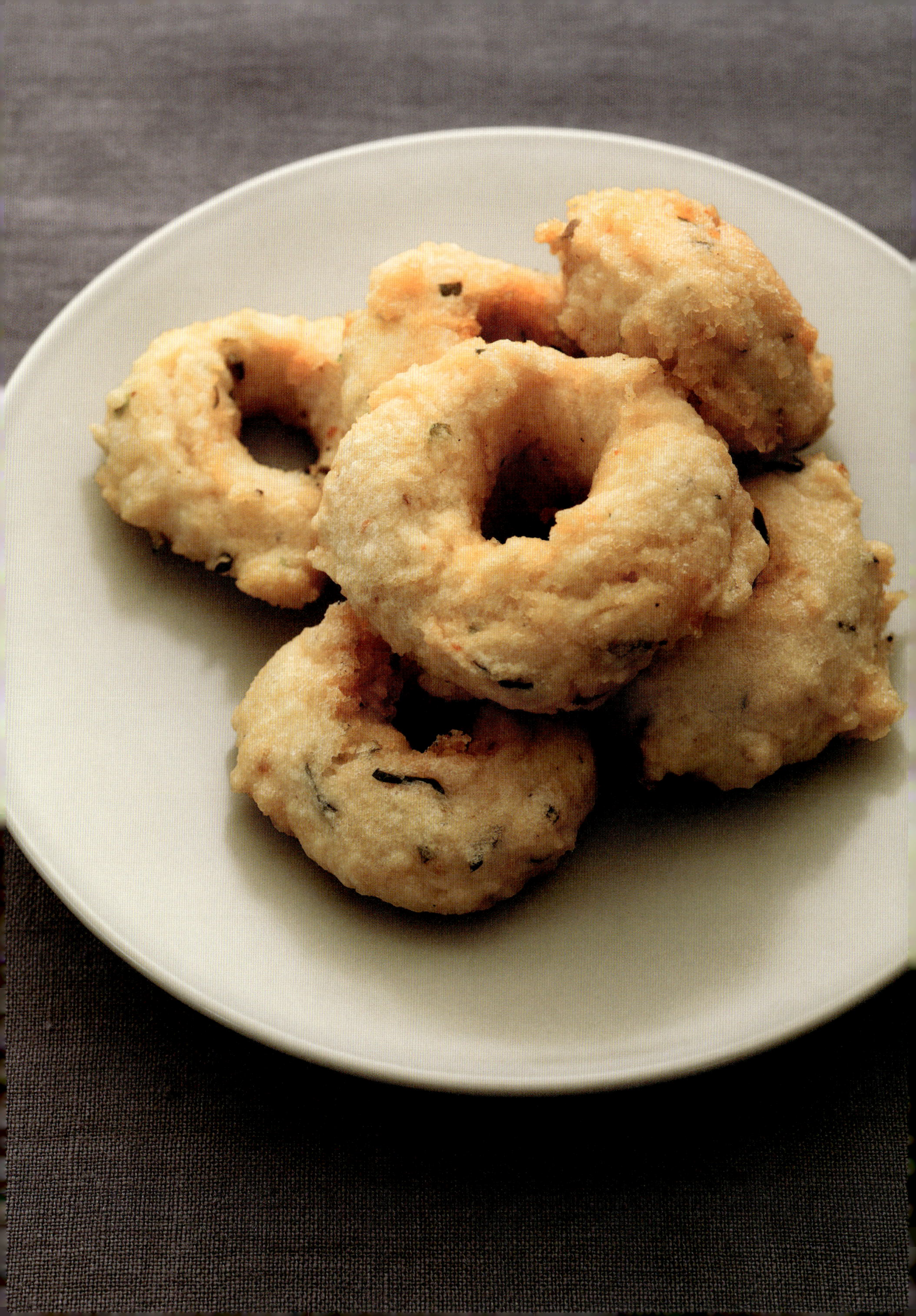

米粉と玉ねぎのスナック(マドゥール バダ)

南インドの米粉で作るおやつです。白ごまの香ばしさと塩味が、
玉ねぎの甘さに調和してとてもおいしいですよ。
カルナータカ州の駅では、列車が停車した待ち時間にも売られているそうです。
冷えてもおいしく召し上がれます。

材料(4〜5人分) 🌶🌶
米粉、小麦粉　各1/2カップ
塩　小さじ1
煎り白ゴマ　小さじ1
A
├ 赤玉ネギ(みじん切り)　中1/3個分
├ 青唐辛子(ヘタと種を除き、みじん切り)　5本分
└ 香菜(みじん切り)　大さじ2(山盛り)
植物油　大さじ1
マスタードシード　小さじ1/2
揚げ油(植物油)　適量

1　Aの野菜は合わせ、白ゴマも混ぜておく。
2　フライパンに大さじ1の油を入れて弱めの中火で温め、マスタードシードを入れる。
3　マスタードシードがはじけはじめたら、蓋をして火を弱める。はじける音が静まったら、火からおろす。
4　米粉、小麦粉、塩をボウルに合わせ、3を油ごと加える。
5　4に1を加えてよく混ぜる(a)。
6　野菜から水が出てまとまるようになるまで手で混ぜたら、手のひらで転がしながら丸め(b)、両手のひらで押して円盤状にする(c)。
7　熱した油で揚げ焼きにする(d)。

おいしいメモ
- 4では、好みでコリアンダーパウダー小さじ1、チリパウダー小さじ1/2を加えてもよい。
- 日持ちをよくするために本来は水を加えないが、どうしても必要であれば大さじ1〜5の水を、少しずつようすを見ながら加える。加えすぎると生地がまとまらなくなるので注意する。

ひよこ豆のサンダル

豆をココナッツとスパイスでさっと炒めるだけ。
南インドの代表的なスナックです。ここではひよこ豆を使いましたが、
このレシピでいろいろな豆を使っておいしく作れます。
それぞれの味をお楽しみください。

材料（3〜4人分）
ひよこ豆（水煮したもの）　1カップ強
植物油　大さじ1
乾燥赤唐辛子（種を除き、3等分に切る）　1本分
マスタードシード　小さじ1
青唐辛子（ヘタと種を除き、みじん切り）　3本分
ココナッツファイン　大さじ3
レモン果汁　大さじ2
塩　小さじ1/2〜の適量

1　鍋に油と乾燥赤唐辛子を入れて、弱めの中火で温める。
2　赤唐辛子が膨らみはじめたら、マスタードシードを加える（a）。
3　マスタードシードがはじけはじめたら、蓋をして火を弱める。
4　はじける音が静まったら、青唐辛子を加えて混ぜる。
5　ひよこ豆も加え（b）、混ぜながら中火で加熱する。
6　ココナッツを加えて混ぜ（c）、レモン果汁、塩で味を調える。

おいしいメモ
- 2では、あればヒング小さじ1/4弱、カレーリーフ（生）6枚ほどを加えるとよりおいしい。
- あればレモン果汁の代わりに、マンゴーパウダーまたはチャットマサラ（p.63参照）小さじ1を加えてもよい。

{ パチャディ & チャツネ }

トマトのパチャディ

ケララ州とタミルナドゥ州にある、ヨーグルトを使ったパチャディです。マスタードシードの香ばしい香りと青唐辛子の爽やかな辛さが絶妙です。

材料（3〜4人分）
ヨーグルト（プレーン）　225g（水切りしてもよい）
塩　小さじ1/4
植物油　大さじ1
マスタードシード　小さじ1/4
A
├ ミニトマト（種を除き、8等分に切る）　5個分
├ キュウリ（種を除き、トマトの大きさに合わせて切る）
│　　1本分
├ 玉ネギ（みじん切り）　大さじ4
├ 青唐辛子（ヘタと種を除き、みじん切り）　2本分
└ 生姜（みじん切り）　大さじ1

1　ボウルにヨーグルトと塩を合わせて入れておく。
2　鍋に油を入れて弱めの中火で温め、マスタードシードを入れる。
3　マスタードシードがはじけはじめたら、蓋をして火を弱める。
4　はじける音が静まったら、Aをすべて加えて数回混ぜる。
5　すぐに火からおろし、1に加えて混ぜる。

おいしいメモ
- 5でテンパリングをして混ぜると、更においしくなる（テンパリングp.94参照：植物油大さじ1、乾燥赤唐辛子1本、マスタードシード小さじ1/4、カレーリーフ〈生〉6枚、ウラドダル〈皮むき〉小さじ1/4）。

ココナッツパチャディ

ココナッツを使ったパチャディも、ケララ州とタミルナドゥ州の地方料理のひとつ。このレシピはわが家のオリジナル。ココナッツのやさしい甘みが青唐辛子と生姜によって引き立ちます。

材料（2〜3人分）
ヨーグルト（プレーン）　225g（水切りしてもよい）
塩　小さじ1/4弱
植物油　大さじ1
マスタードシード　小さじ1/4
キュウリ（皮をむき、輪切り）　1本分
生姜（みじん切り）　大さじ2
青唐辛子（ヘタと種を除き、みじん切り）　3本分
カシューナッツ（砕いたもの）　大さじ2
ココナッツパウダー　大さじ2

1　ボウルにヨーグルトと塩を合わせて入れておく。
2　鍋に油を入れて弱めの中火で温め、マスタードシードを入れる。
3　マスタードシードがはじけはじめたら、蓋をして火を弱める。
4　はじける音が静まったら、キュウリ、生姜、青唐辛子を加えて数回混ぜる。
5　すぐに火からおろし、1に加えて混ぜる。
6　カシューナッツ、ココナッツパウダーも加えてよく混ぜる。

おいしいメモ
- キュウリは空煎りしておくと水っぽくならない。
- 6で左記と同じテンパリングをして混ぜると、更においしくなる。

ココナッツチャツネ

ココナッツで作る辛みの少ないチャツネです。本来は生のココナッツで作りますが、ここでは手に入りやすい乾燥したものを使用しました。

材料（作りやすい量）🌶
香菜（根を除き、ざく切り）　30g
生姜（皮をむき、ざく切り）　20g
青唐辛子（ヘタと種を取り、3等分に切る）　2本分
ココナッツファイン　大さじ12（約75g）
ヨーグルト（プレーン）　大さじ8（約180g）
レモン果汁　小さじ1
塩　小さじ1/2

1　すべての材料を合わせてハンドブレンダーでペースト状にする。

おいしいメモ
- ヨーグルトが酸っぱい場合には、砂糖を加えて調整する。
- ペーストになったものに、テンパリングをして混ぜると、更においしくなる（テンパリングp.94参照：植物油小さじ1強、乾燥赤唐辛子1本、マスタードシード小さじ1/2、カレーリーフ〈生〉6枚）。写真はテンパリングしたもの。

白ごまのドライチャツネ

南インド特有のドライチャツネです。ごまの香ばしい香りと赤唐辛子のピリッとした辛さがおいしいですよ。インド料理の添え物として、ご飯やパンにつけたり、箸休めとしてお召し上がりください。

材料（作りやすい量）🌶🌶🌶
植物油　大さじ1
乾燥赤唐辛子　1本
ココナッツファイン　大さじ3強（約25g）
煎り白ゴマ　大さじ3（約25g）
コリアンダーパウダー　小さじ1/4
塩　小さじ1/2

1　フライパンに油と乾燥赤唐辛子を入れて、弱火で温める。
2　赤唐辛子が膨らみはじめたら、ココナッツを加えてかき混ぜる。
3　ココナッツが色づきはじめたら、コリアンダーパウダーと塩を加える。
4　ココナッツが茶色くなりはじめたら、白ゴマも加える。
5　ココナッツがキツネ色になったら火からおろし、完全に冷めたらブレンダーで粉にする。

おいしいメモ
- ココナッツを加えたら、かき混ぜながら均一に火を通し色をつけていくことがコツ。
- 2では、あればヒング小さじ1/8を加えるとよい。

{ ライス & パン }

レモンライス

南インドの米料理のひとつです。マスタードシードの香ばしい香りとレモンの酸味がとてもよく合います。炊き上がったご飯にレモン果汁とマスタードシードを混ぜるだけ。お好みでナッツ類を加えてもおいしいですよ。インド料理以外でも肉や魚をフライパンで焼いたものなどにも合わせられます。

材料（2〜3人分）
バスマティライス　1カップ
A
├ **ターメリック**　小さじ1/8
└ 塩　小さじ1/2〜の適量
レモン果汁　40ml
植物油　大さじ1強
マスタードシード　小さじ1

1　バスマティライスは軽く水ですすぎ、炊飯器の内釜に入れて日本米と同じように水加減をする。
2　5分ほどしたらAを加えて混ぜ、日本の米と同様に炊く。
3　炊き上がったらボウルに移し、レモン果汁を加えて(a)軽くかき混ぜておく。
4　フライパンに油を入れて弱めの中火で温め、マスタードシードを入れる。
5　マスタードシードがはじけはじめたら、蓋をして火を弱める。
6　はじける音が静まったら蓋を取り、油ごと3に加えて(b)よく混ぜる。

おいしいメモ
- 4では、あればウラドダル（皮むき）小さじ1、カレーリーフ（生）6枚を加える（写真は加えたもの）。
- バスマティライスがない場合は、ジャスミンライスでも代用できる。
- 6では、カシューナッツ、アーモンド、ピーナッツなどを砕いたものを、軽く無塩バターで加熱して加えてもよい。

ラバイドリー

南インドの蒸しパンです。サンバルなどの汁物と一緒に食べます。
本来は豆と米を別々に水に浸けて別々にペーストにし、発酵させて作ります。
それを専用の蒸し器に入れて蒸すので、慣れるまでは大変です。そこで日本の家庭でも作りやすい、
電子レンジで作る方法をご紹介します。蒸したものとはまた違ったおいしさがありますよ。

材料（3〜4人分）
イドリーラバ　1カップ
植物油　大さじ1強
マスタードシード　小さじ1
青唐辛子（ヘタと種を除き、みじん切り）　3本分
生姜（みじん切り）　大さじ1（山盛り）
ヨーグルト（プレーン）　1/2カップ
塩　小さじ1/2強
水　1カップ
重曹（料理用）　小さじ1/2（小さじ1の水で溶く）

1. 深型フライパンに油を入れて弱めの中火で温め、マスタードシードを入れる。
2. マスタードシードがはじけはじめたら、蓋をして火を弱める。
3. はじける音が静まったらイドリーラバを加え、混ぜながら弱めの中火で加熱する。
4. 3に青唐辛子、生姜も加えて混ぜる（a）。
5. イドリーラバが軽く色づいてきたらボウルにあけ、粗熱を取る。
6. 手で触り、ほのかに温かい程度になったらヨーグルトと塩を加える（b）。
7. クリーム状になるまでよく混ぜ、混ぜながら水を少しずつ加える。
8. ときどき混ぜながら15分間水を吸収させ、重曹も水ごと加えてよく混ぜる。
9. シリコン製のカップケーキ型またはドーム型に、スプーンで（常にかき混ぜながらスプーンに取る）型の半量まで入れる（c）。
10. 700wの電子レンジで2分加熱した後、扉を開けて、30秒後に再び扉を閉じて2分加熱する。
11. 型を逆さまにしてイドリーを取り出し、温かいうちにいただく。

おいしいメモ
- イドリーラバはインド食材店で購入できる。
- 4では、みじん切りのカレーリーフ（生）、ウラドダル（皮むき）、砕いたカシューナッツ、白ゴマなどを加えてもよい。
- シリコン製の型は、厚めのもののほうが上手に仕上がる。
- 電子レンジの温度が高いと吹きこぼれることがある。その場合は1分ずつようすを見ながら加熱していく。

ケララパロタ

南インドのパンで、通称「フレーキーパロタ」とも呼ばれています。
パイのようにパンの生地が層になり、食感も楽しめます。この層はパイと同様に
ギーたっぷりで作りますが、本当においしいので、これを作るときにはヘルシーという
言葉は忘れてください。ここではギーのない方でも作れるように溶かしバターを使いました。
休日などのお楽しみとして作るといいですよ。

材料（5枚分）
A
├ 薄力粉　200g
├ 塩　小さじ1/4
└ 砂糖　小さじ1/2
卵ミルク（卵1個と牛乳60mlを合わせたものを
　計量する）80ml
溶かしバター（無塩）またはギー　35g

1　Aは合わせてふるいにかけ、ボウルに入れておく。
2　1に大さじ1の溶かしバターを加え、手でしごくように混ぜる。
3　2に卵ミルクを少しずつ加えながら混ぜ、まとめながらこねていく。
4　生地が充分にこねられまとまったら、手のひらに植物油（分量外）をつけて生地の表面に伸ばして丸め、ボウルにラップフィルムをかけて15分おく。
5　4の生地を5等分にしてそれぞれ丸め、表面にバターを塗り、ボウルに入れてラップフィルムをかける。
6　5分経ったら台の上に植物油（分量外）を伸ばし、5の生地をひとつ取り出し、麺棒で生地が透けるほど薄く伸ばしていく（a）。残りの生地にはラップフィルムをかけておく。
7　伸ばした生地の表面にバターを塗り（b）、両手で左右を持ち上げ、手前から蛇腹になるように少しずつ重ねていく（c）。この作業を繰り返し、すべての生地を折りたたむ。
8　7の生地の両端を持ち、生地の中央を台の上にたたきつけるようにして、長さを少し伸ばす（d）。
9　右端からくるくると丸めながらひとつにまとめ（e）、表面にバターを塗る（f）。残りの4つの生地も同様にする。再度それぞれにバターを塗り、5分おく。その間フライパンを強めの中火で温めておく。
10　台と生地に再びバターを塗り、手のひらで直径18cmほどの円に伸ばす。
11　フライパンが充分に温まったら10の生地をのせ、表面が膨らんできたら、裏側に焼き色がついているかを確認して裏返し、同様に焼く。
12　すべての生地が焼き終わったら重ねて、左右を手のひらで挟み、手を合わせてたたくようにして生地を押し（h）、90度回転して同様にする（パロタの層が分かれ、食感がよくなる）。

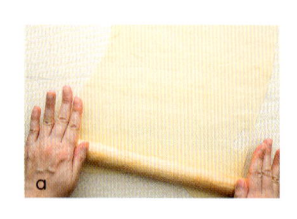

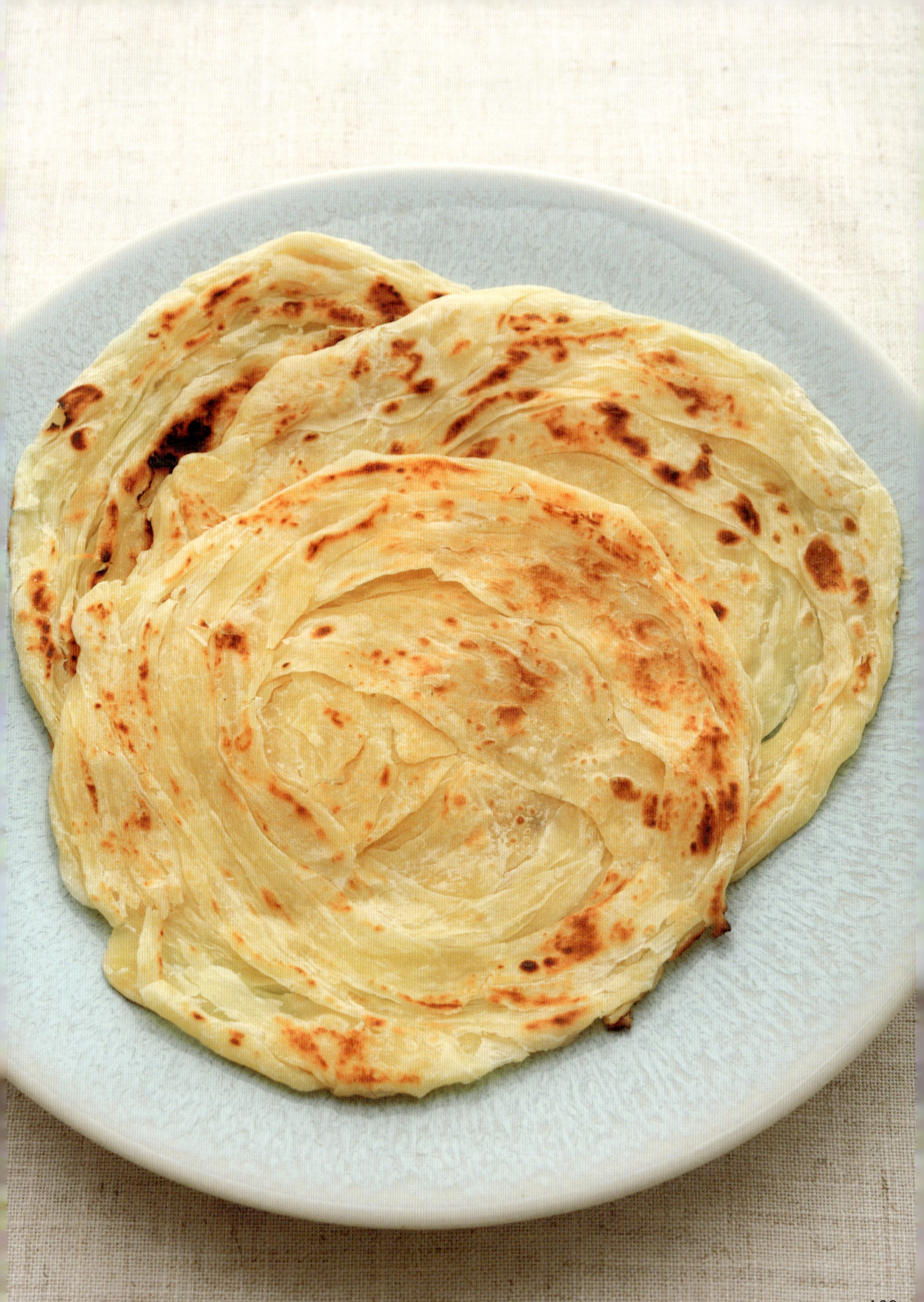

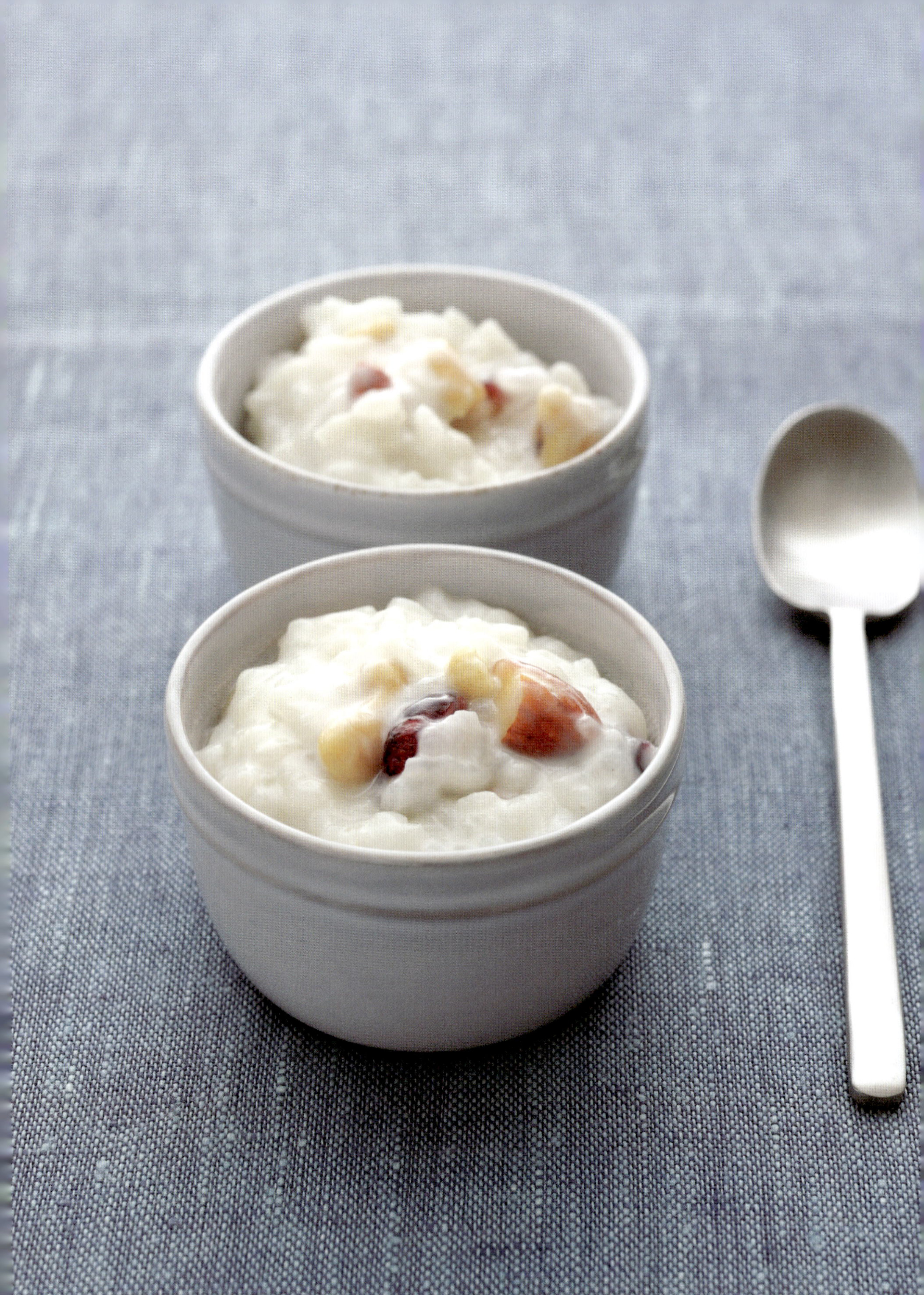

{ デザート }

ミルクパヤザム

やさしい味のインドスウィーツです。
パヤザムは地方によりさまざまな種類がありますが、ここでご紹介するのは
ココナッツミルクを使って白米を煮込んだものです。作り方はとても簡単です。
ドライフルーツやナッツも加わり、バランスの取れた簡単なおやつとしてもいいですよ。
温かいままでも、冷たくしても召し上がれます。

材料（3〜4人分）
A
├ 牛乳　200ml
├ **シナモンスティック**　5cm
└ **グリーンカルダモン**　4個
ご飯（白米を炊き上げたもの）　2カップ
ココナッツミルク　200ml
B
├ カシューナッツ（砕いたもの）　大さじ2（山盛り）
├ アーモンド（砕いたもの）　大さじ2（山盛り）
├ ドライクランベリーまたはレーズン
└ 　大さじ2（山盛り）
溶かしバター（無塩）　大さじ1
砂糖　小さじ4

1　鍋にAをすべて入れ、弱火で温めてスパイスの香りを牛乳に移す（a）。
2　フライパンにBを入れて軽く煎ってから、溶かしバターを加えて混ぜ（b）、火を止める。
3　1の牛乳が温まりスパイスの香りがしてきたら、ご飯、ココナッツミルクを加えて弱火で加熱する（c）。
4　牛乳にとろみがついてきたら、砂糖を加えて味を調え、弱火で加熱する。
5　4がおかゆ状になったら2を加え、よく混ぜてから（d）盛りつける。

おいしいメモ
・パイナップル、マンゴーなど、好みのドライフルーツを加えてバリエーションが楽しめる。

マバニ マサコ

インド料理・スパイス料理研究家
食べることが趣味のインド系イギリス人の夫の影響から、ロンドンでインド料理・スパイス料理を習得する。現在はプライベート形式の料理教室・プロ向け講習会・商品開発・コンサルテーション・レシピ開発などを行っている。著書に「いちから始めるインドカレー」「ベジ豆カレー」「スパイシーオードヴル」（すべて柴田書店刊）がある。
グルマンドクックアワード入賞
英国GFW正会員

URL：www.masakomavani.com
Blog：spicedaisuki.blogspot.com

撮影協力

ル・クルーゼ ジャポン株式会社
東京都港区麻布台2-2-9
カスタマーダイヤル Tel.03-3585-0198
http://www.lecreuset.co.jp

エスビー食品株式会社
東京都板橋区宮本町38番8号
Tel.0120-120-671

ハウス食品株式会社
東京都千代田区紀尾井町6番3号
Tel.0120-50-1231

マスコットフーズ株式会社
東京都品川区西五反田5-23-2
Tel.03-3490-8418

撮影にあたり、撮影・取材にご協力いただいた皆様に心よりお礼申し上げます。また柴田書店の長澤さん、カメラマンの日置さん、デザイナーの中村さんに頂いたアドバイスとハードワークに心からお礼を申し上げたいと思います。そしてインド料理の最新の知識と技術の知恵を与えてくれた義理の父母、貴重な感想をくれた両親・夫にも感謝しています。

少なめオイルとスパイスで作る
みんなが好きなインド料理
＋南インド料理

初版印刷　2014年6月1日
初版発行　2014年6月15日

著者Ⓒ　　マバニ マサコ
発行者　　土肥大介
発行所　　株式会社柴田書店
　　　　　〒113-8477
　　　　　東京都文京区湯島3-26-9 イヤサカビル
　　　　　電話／営業部 03-5816-8282（注文・問合せ）
　　　　　　　　書籍編集部 03-5816-8260
　　　　　http://www.shibatashoten.co.jp

印刷・製本　図書印刷株式会社

本書収録内容の無断掲載・複写（コピー）・データ配信等の行為は固く禁じます。
乱丁・落丁本はお取替えいたします。

ISBN978-4-388-06189-1
Printed in Japan